越玩越聪明

藏在24节气里的秘密①

思维牧场／编
罗悦　潘忠英／图

春

天津出版传媒集团
天津人民美術出版社

二十四节气是什么?

二十四节气，是中国传统历法农历中表示季节变迁的24个特定节令。

古时候，人们在高大的土堆上竖起长竿，长竿在太阳的映照下投下影子。古人每天观察记录竿影的长短和角度的变化，慢慢总结出了天象的周期。

古人根据太阳在黄道的位置变化规律，总结制定了二十四节气。黄道是什么呢？地球绕太阳公转一圈，这个运行轨迹就是黄道。太阳从春分点出发，每前进15°为一个节气，运行一周后又回到春分，总共360°。

节气在现行的公历中时间交替节点略有不同，上半年在6日、21日，下半年在8日、23日，前后相差1~2天。

两千多年来，二十四节气在指导人们的农业生产和日常生活方面发挥了重要作用。在国际气象界，二十四节气被誉为“中国的第五大发明”。2016年，“二十四节气”被正式列入联合国教科文组织人类非物质文化遗产代表作名录。

二十四节气是中国传统文化的重要组成部分，跟着二十四节气了解自然变化规律，可以帮助孩子理解事物变化的内在联系，启发孩子积极探索大自然的无穷奥秘。

七十二候是什么?

七十二候，是我国古代用来指导农事活动的历法补充。

古代的人们根据黄河流域的地理、气候和自然界的一些景象编写了七十二候。每五日为候，每个节气可分为三候，一年二十四节气划分为七十二候。

七十二候的“候”可分为两类，一是生物候，例如蚯蚓出、寒蝉鸣、桃始华、萍始生等；二是非生物候，例如雷乃发声、土润溽暑、水始冰等。

七十二候是中国古人在季节变化中，细致观察生物生长和环境变化规律的智慧结晶。理解七十二候，可以帮助孩子体验节气变化的奇妙，感受传统文化的巨大魅力。

节气歌

春雨惊春清谷天，
夏满芒夏暑相连，
秋处露秋寒霜降，
冬雪雪冬小大寒。
上半年逢六、廿一，
下半年逢八、廿三，
每月两节不变更，
最多相差一两天。

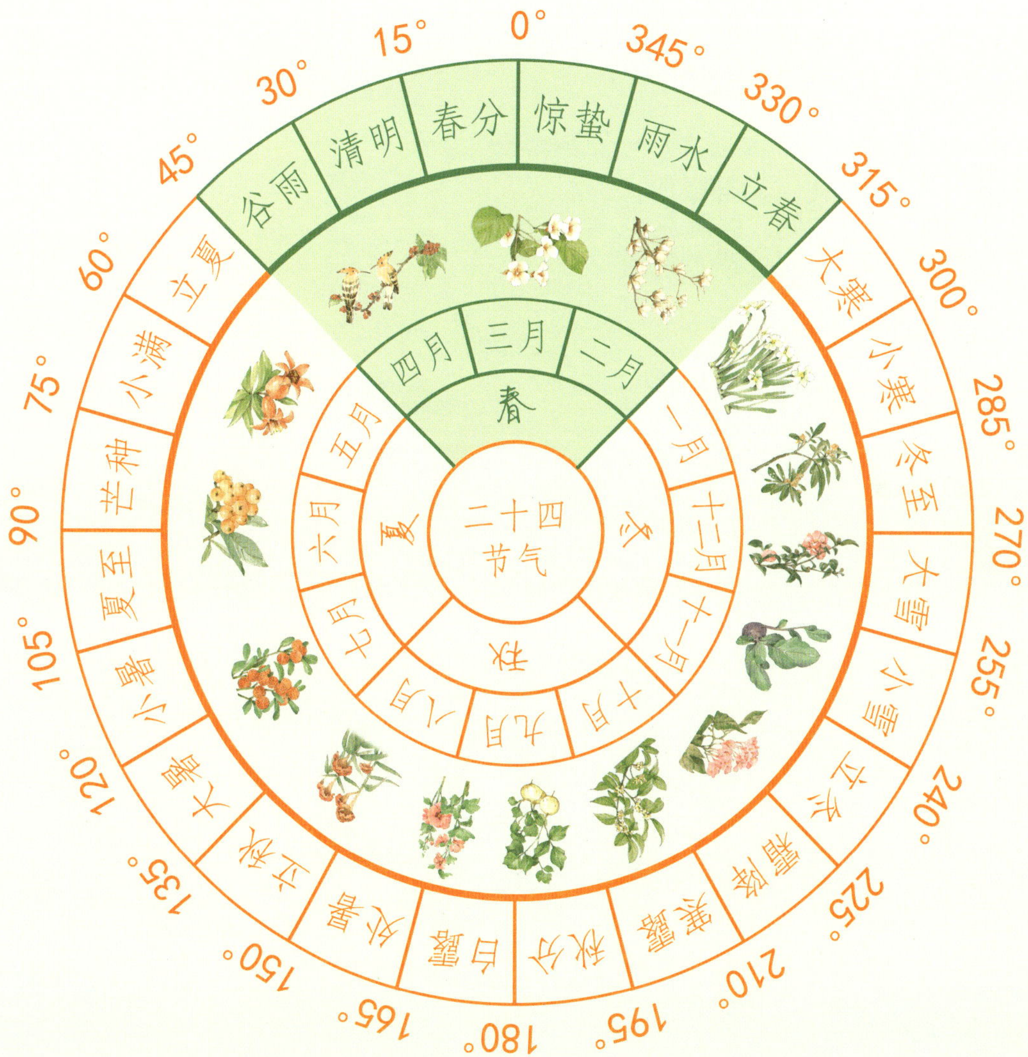

春

立春 公历 2 月 3 ~ 5 日之间交节

初候，东风解冻
二候，蛰虫始振
三候，鱼陟负冰

雨水 公历 2 月 18 ~ 20 日之间交节

初候，獭祭鱼
二候，候雁北
三候，草木萌动

惊蛰 公历 3 月 5 ~ 6 日之间交节

初候，桃始华
二候，仓庚鸣
三候，鹰化为鸠

春分 公历 3 月 20 ~ 21 日之间交节

初候，玄鸟至
二候，雷乃发声
三候，始电

清明 公历 4 月 4 ~ 6 日之间交节

初候，桐始华
二候，田鼠化为鴽
三候，虹始见

谷雨 公历 4 月 19 ~ 21 日之间交节

初候，萍始生
二候，鸣鸠拂其羽
三候，戴胜降于桑

立春

立春，二十四节气中的第一个节气，每年的公历 2 月 3 ～ 5日之间交节，季节更替，春天如期而至。

立春这天，人们会用盘子盛上韭菜、春饼等食物用来迎新。

一年之计在于春，春天的脚步近了，但天气远没有想象中暖和。人们刚一出门，就被一阵迎面袭来的凉风吹得瑟瑟发抖，因此，人们需要“春捂”。远处的田埂间，小草已经从泥土里钻出来，远远望去，就像给大地披上了绿衣裳，成为春天一道美丽的风景线。

谚语

- 立春赶春气。
- 立春一日，百草回芽。
- 吃了立春饭，一天暖一天。

初候，东风解冻

东风指的是春风。在我国岭南地区，早春气息渐浓，春风送来了丝丝暖意；而在北方，春风虽然比凛冽的寒风温柔许多，却依然寒意十足。立春到来，天气开始回暖，冰封的大地渐渐解冻，万物复苏。

白玉兰

玉兰喜欢晒太阳，喜欢把家安在肥沃、湿润、排水好的土壤中。玉兰树先开花，后长叶子。

植株：10 ~ 17 米 花期：3 ~ 4 月
果期：9 ~ 10 月

花椰菜

花椰菜还有两个名字：花菜和菜花。花椰菜营养丰富易吸收，还是防癌高手呢！

植株：60 ~ 90 厘米 花期：春季
成熟期：春、夏季

胡萝卜

胡萝卜喜温耐寒，缨子像毽子，块根严严实实地藏在沙壤土中。

植株：60 厘米

 找一找蚯蚓在哪里？

 数一数土里长着几根胡萝卜？

 本页画面中有两种“花”，其中哪种是蔬菜开出的“花”？

 胡萝卜的叶茎在地面以上，块根生长在地面以下。想一想，还有哪些蔬菜的块根也长在地下？

二候，蛰虫始振

春天来了，冬眠的小动物感受到家里忽然变得暖和起来，睡了整个寒冬的它们苏醒了过来，一个个伸着懒腰，扭着身子，快活极了。

荠菜

春天是荠菜采摘的最好时节，将摘下来的荠菜去掉白色的根、茎，留下嫩叶，做一碗荠菜馄饨最棒了！

植株：10 ~ 55 厘米　花期：3 ~ 6 月
成熟期：4 ~ 6 月

韭菜

韭菜的茎叶营养丰富，是消化和消炎的小助手。韭菜割一茬，长一茬。

植株：20 ~ 45 厘米
花期：春、夏、秋季
成熟期：春、夏、秋季

豌豆苗

豌豆苗播种后 20 多天就可以收获了。豌豆苗无土种植只能吃一茬，田间种植可多次采收。

植株：10 ~ 15 厘米　花期：春、秋季
成熟期：春、秋季

找一找豌豆长在哪里？

数一数本页画面中有几种蔬菜？

小鸟为什么待在蔬菜的旁边？说一说它准备做什么？

观察初候和二候的小虫子的行为变化，它们是在土里还是从土里探出头来了？想一想，为什么会有这种变化呢？

三候，鱼陟负冰

河里的冰开始融化，水中的鱼儿争先恐后地向上游。此时水面上漂浮的碎冰片，如同被鱼儿背着一般，想必鱼儿们早就迫不及待地要迎接春天的到来了吧！

橘子

原生橘子一般在秋季成熟，后因种植技术的发展，便有了春橘和冬橘。

植株：2 米 成熟期：春、秋、冬季

迎春花

刚到二月，百花还没有开放时，迎春花已经张开笑脸。它们不怕冷，不择水土，是一种特别坚强的花。

植株：0.3 ~ 5 米 花期：2 ~ 4 月

找一找龙虾在哪里？

数一数刚解冻的河里有几条鱼？

迎春花是什么颜色？想一想，你还知道哪些和迎春花同一时间开放的花？

橘子一般在秋季成熟，春季的橘子是反季节水果。在春季，你还吃过哪些反季节水果呢？

传统习俗

过春节

春节一般是指农历正月初一，也就是一年的第一天，又叫农历年，俗称“过年”。但是在民间，春节远不止这一天，传统意义上的春节是指从腊月二十三或二十四的祭灶开始，一直延续到翌年的正月十五，也就是元宵节以后。其中，大年三十的除夕夜和正月初一是春节里最热闹的日子。

春节，人们会通过举办各种活动以示庆祝，其中有祭神以祈求丰年，有祭祖以缅怀祖先，有家庭扫除、贴春联、贴福字、穿新衣以除旧布新，有挂灯笼、放鞭炮以示庆祝，有年夜饭以期团圆。

春节是中国最隆重的传统节日。过春节时，家家户户都喜气洋洋，举国上下都热热闹闹，亲戚朋友、邻里乡亲都会相互拜访，互道祝贺，互赠礼物，表达新年的祝福。

鞭春牛

鞭春牛，催春耕。春天来了，通过“鞭春牛”提醒人们开始进入农耕时节，这一习俗凸显出古人对农业生产的关注和重视。古人舍不得鞭打真牛，就用泥或纸做个假牛，用柳条鞭打。清富察敦崇《燕京岁时记》中记载：“立春日，礼部呈进春山宝座，顺天府呈进《春牛图》，礼毕回署，引春牛而击之，曰打春。”

有些地方，鞭打春牛时还有唱词，大意是：一打风调雨顺，二打地肥土暄，三打三阳开泰，四打四季平安，五打五谷丰登，六打六合同春。“鞭春牛”活动结束后，人们会赶着真牛拉着犁具到田里象征性地耕几圈地，表示当年的农事活动正式开始。

咬春

在我国民间，立春吃春饼称为“咬春”。咬春的意义主要是吃一些新鲜的蔬菜，感受春天的气息。春饼，又叫荷叶饼，是一种烫面薄饼，烙熟放入盘中，再配上几盘蔬菜，蔬菜通常有豆芽、韭菜、萝卜和大葱等，萝卜和大葱要切成细丝状，也有的配上酱肉类拼盘。菜品丰简由人，吃春饼的人可以根据自己的喜好，用春饼卷上准备好的菜品慢慢享用。

立春与诗

迎春花
宋 / 韩琦

覆阑纤弱绿条长，
带雪冲寒折嫩黄。
迎得春来非自足，
百花千卉共芬芳。

译文：

纤弱嫩绿的长枝条攀附在长长的栏杆上，（我）在雪后的寒气中折下一枝嫩黄的迎春花。

迎春花迎来了春天，却没有自满，因为它知道，只有百花盛放、芬芳千里才是真正的春天的到来。

立春
宋 / 王镃

泥牛鞭散六街尘，
生菜挑来叶叶春。
从此雪消风自软，
梅花合让柳条新。

译文：

立春时打碎泥牛，街道上弥漫着尘土。用各种蔬菜做成春饼，吃着春饼，赏着春景，树上的片片绿叶都散发着生机。

春天来了，冰雪融化，风也不再凛冽刺骨，变得柔和起来。梅花也应该把春天让给绿意盈盈的柳树了。

雨水

雨水，二十四节气中的第二个节气，每年的公历2月18～20日之间交节。这是一个反映降水现象的节气。

严寒冬雪已远去，大地回春，人们踏上松软的土地，闻着花草的芬芳，感受着泥土的气息。万物欣欣向荣，农民伯伯开始整地、施肥。春雨贵如油，一场淅淅沥沥的小雨过后，柳树抽出了新芽，随风摇曳。

谚语

- 雨水到来地解冻，化一层来耙一层。
- 七九八九雨水节，种田老汉不能歇。
- 雨水落雨三大碗，大河小河都要满。

初候，獭祭鱼

鱼群感知温暖，开始跃出水面游玩，这让饿了一个冬天的水獭有了可乘之机。水獭喜欢吃鱼，趁机抓了很多条鱼，并将鱼整齐地摆在岸边，如同先祭后食的样子。

橙子

橙子含有一种特殊的维生素 P，负责保护维生素 C。在切开或加热橙子时，能减少维生素 C 的流失！

植株：2 ~ 3 米　花期：4 ~ 5 月
成熟期：10 ~ 12 月，翌年 2 ~ 4 月

油菜花

"冬天发芽，春天开花，蜜蜂纷纷来采蜜，花落结果可榨油。"说的正是油菜花。

植株：1 米　花期：2 ~ 4 月
果期：5 ~ 6 月

找一找水獭在哪里？

油菜花的花朵是什么颜色？

数一数树上有几个橙子？说一说橙子吃起来是什么味道呢？

油菜花结的种子可以榨油。想一想，还有哪些植物的种子可以榨油呢？

二候，候雁北

天空中，一群大雁排成整齐的“人”字形队伍，飞过山川和田野，化身春的使者，从南方赶来报春喽！领头雁为了帮后面的大雁在遥远的旅途中节省力气，才自己打头阵，组成这样的队伍。

蒜苗

蒜苗是大蒜的幼苗，有和大蒜一样香辣的味道。营养丰富，对预防流感有一定的作用。

植株：35 厘米 成熟期：四季

 找一找大雁在哪里？

 说一说河里的水獭在做什么？

 大雁在飞行时，为什么会排成“人”字形呢？想一想，它们还会排成什么队形呢？

 蒜苗是大蒜的幼苗，长大后的大蒜又是什么样子的呢？找到一个完整的大蒜，试着把它剥开看看吧！

三候，草木萌动

花草树木经受住严寒的考验，慢慢抽出了嫩芽，宣告春天的到来。从此，大地呈现出一派生机勃勃的景象。

杏花

杏花姑娘是个变色高手：结花苞时，穿上红艳艳的衣衫；绽放时，颜色渐渐变淡；凋谢时，会变得雪白。

植株：5 ~ 10 米 花期：3 ~ 4 月
果期：6 ~ 7 月

春笋

立春以后采挖的春笋又白又胖，味道鲜美，被称为“菜王”。长势好的春笋会被留下用来养育新竹。

植株：10 ~ 28 厘米 成熟期：春季

圆叶莴笋

圆叶莴笋根部很浅，吸水能力不强，所以喜欢住在沙土里。

植株：25 ~ 100 厘米 成熟期：春季

找一找春笋在哪里？

数一数土中有几棵圆叶莴笋？在颜色上，它们和竹子有什么相同呢？

树上开着什么花？这种花会结出什么果实呢？

说一说春笋和竹子是什么关系呢？

传统习俗

元宵节

元宵节是中国的传统节日之一，元宵节又称上元节、元夕、灯节。正月是农历的元月，古人称“夜”为“宵”，正月十五是一年中第一个月圆之夜，所以称正月十五为“元宵节”。

元宵节主要习俗有吃元宵或汤圆、赏花灯、猜灯谜、放烟花等，有些地方还增加了游龙灯、舞狮子、踩高跷、划旱船、扭秧歌、打太平鼓等表演活动。

历史上，元宵节的节期长短也是在不断变化。汉代是一天，到唐代时为三天，宋代则长达五天。明代是从初八点灯，一直到正月十七的夜里才落灯结束。至清代，元宵节的节期缩短为四到五天。

2008 年 6 月，元宵节入选第二批国家级非物质文化遗产。

拉保保

拉保保是四川一带的传统民俗，就是给孩子寻找干爹或干娘。保保，是四川方言，意思是为保佑孩子健康成长，找人做干爹或干娘，寄托了人们祛邪、避灾、祈福的美好愿望。古时，受医疗条件的限制，孩子生病很容易产生大问题。加上认知水平有限，人们感觉身体健康、生活得好的人能给孩子带来好运。雨水当天，年轻父母会根据孩子的生辰和命相，找一个合适的人给孩子做干爹或干妈，以保护孩子健康成长。久而久之，这也成为一方风俗。

随着人们生活条件的改善和认知能力的提高，这种拉保保的民俗活动已经很少见了，有些地方把这种民俗活动延续成娱乐活动，供大家体验一下热热闹闹的民俗。

回娘家

西南大部分地区有“雨水节回娘家”的传统习俗，就是到了雨水节气，出嫁的女儿纷纷带上礼物回娘家拜望父母，以感谢父母的养育之恩。

川西一带，在雨水这天，女婿要给岳父岳母送节。送节的礼品通常是两把藤椅，上面缠着一丈二尺长的红带，这称为“接寿”，意思是祝岳父岳母长命百岁。另一种典型礼品是“罐罐肉”，用砂锅炖猪脚和雪山大豆，再用红绳红纸封罐口。女婿通过送节来表达对岳父岳母辛苦养育女儿的感谢和敬意。

雨水与诗

菜花

清 / 弘历

黄萼裳裳绿叶稠，
千村欣卜榨新油。
爱他生计资民用，
不是闲花野草流。

译文：

金黄的油菜花层层叠叠，绿叶稠密，听到许多村子里传来“卜卜”的榨油声，真让人无比欣喜。

爱它是因为可以为民所用，发挥自身价值，不像那些闲花野草毫无用处。

临安春雨初霁

宋 / 陆游

世味年来薄似纱，谁令骑马客京华。
小楼一夜听春雨，深巷明朝卖杏花。
矮纸斜行闲作草，晴窗细乳戏分茶。
素衣莫起风尘叹，犹及清明可到家。

译文：

近年来看透世事沧桑，感觉做官的兴味不过如薄薄的一层轻纱。如今，又是谁命我骑马来到这繁华的京城作客？

昨晚的春雨淅淅沥沥，我在小楼上听了一夜（愁绪难遣）。清晨，深远的小巷里传来了叫卖杏花的声音。

闲来无事，铺开短纸，写下斜斜的行草。在明净的窗下，细细地烹茶、撇沫、品茗。

不要叹息身上洁白的衣服被京城的尘土沾染，等到清明时节，我就可以回到故乡了。

惊蛰

惊蛰，二十四节气中的第三个节气，每年的公历3月5～6日之间交节。它的到来预示着我国大部分地区春耕正式开始了。

九九艳阳天，漫山遍野的桃花盛开了，黄鹂飞上枝头开始鸣叫，滚滚春雷汹涌而至。人们常说，是雷声惊醒了冬眠的小动物，其实它们是因为天气转暖才出来溜达的。

谚语

- 惊蛰春雷响，农夫闲转忙。
- 过了惊蛰节，春耕不能歇。
- 惊蛰不藏牛。

初候，桃始华

桃树的枝丫在严冬时休眠，到了阳春三月，便热闹盛放，漫山遍野都是醉眼的桃花。桃花由花托、花萼、花瓣、雄蕊和雌蕊构成。走进桃园，各色的桃花迎风起舞，阵阵花香扑鼻而来。

二候，仓庚鸣

桃红柳绿的季节，林间也多了一抹明黄的身姿。清晨，人们被大自然的歌唱家黄鹂清脆的歌声叫醒了。它总是伴着融融春色，带着喜悦而来，是一种寓意吉祥的鸟儿。

找一找桃花在哪里？

数一数有几只蝴蝶？

树枝上有几只黄鹂？说一说它们在做什么呢？

想一想，你还见过哪些花是和桃花同一时间开放的？

空心菜

空心菜的茎是一节一节的，每一节中间都是空的。它们喜欢生长在温暖湿润的地方。

植株：25 ~ 35 厘米　花期：春、夏季
成熟期：春、夏、秋季

西兰花

西兰花，似花非花，是甘蓝家族的一员，嫩茎和花蕾可以吃。西兰花在蔬菜营养排行榜上名列前茅。

植株：1 米　花期：四季
成熟期：四季

找一找从冬眠中醒来的动物吧！

数一数本页画面中有几种动物？

画面中有几棵西兰花？

想一想，西兰花的花球和什么蔬菜长得很像呢？

三候，鹰化为鸠

惊蛰节气前后，动物开始繁殖。此时鹰飞回北方，忙着藏起来繁衍后代；而原本蛰伏的鸠活跃起来，鸣叫求偶，在古人看来就如同鹰变化成了鸠一般。

蔷薇花

蔷薇花性格坚强，不畏严寒，能在北方的院子里安全越冬。

植株：3 ~ 4 米　花期：3 ~ 9 月
成熟期：9 ~ 10 月

找一找空心菜在哪里？

数一数空中飞着几只鸟？

桃花和蔷薇花，哪一种是先开花后长叶的？

说一说，天空中飞着的鸟叫什么名字？树枝上立着的鸟叫什么名字？

传统习俗

祭白虎

祭白虎是东南沿海的特色习俗。相传白虎是守护一方的神兽，掌管着人间的口舌、是非之神。如果触犯了白虎，这一年里会十分不顺利。人们为了保佑平安，就在惊蛰这天祭白虎。拜祭时，需以肥猪血喂之，使其吃饱后不再出口伤人，继而以生猪肉抹在纸老虎的嘴上，使之充满油水，不能张口说人是非。

剃龙头

农历二月初二，是“龙抬头”的日子。在这天，民间素有“二月二，剃龙头”的说法，人们认为这天剃头会鸿运当头、福星高照。孩子要“剃喜头”，开开心心、健康成长；大人要“剃龙头”，辞旧迎新，好运连连。

正因为这种习俗，二月二这一天，理发店的生意比平时要红火热闹。

从科学角度看，“剃龙头”这个活动本身应该是鼓励人们开心生活的一种心理激励方式。

吃梨

惊蛰时节，温暖的天气刚刚回归，寒冷未完全退去，并且气候比较干燥，很容易使人口干舌燥、外感咳嗽。梨甘甜，可以润肺止咳，所以，在民间有惊蛰吃梨的习俗。梨的食用方法很多，可以生吃、蒸、榨汁、烤或煮水。

惊蛰与诗

蔷薇花

唐 / 杜牧

朵朵精神叶叶柔，
雨晴香拂醉人头。
石家锦幛依然在，
闲倚狂风夜不收。

译文：

（一片蔷薇花开）朵朵都是那么生机勃勃，每片叶子都十分柔嫩。雨过天晴，蔷薇花香轻拂行人，令人心旷神怡。

这丛丛的蔷薇花，如同晋代石崇布下的五十里锦幛，不惧狂风，淡定从容，在夜间依旧坚韧绽放。

拟古·仲春遘时雨

东晋 / 陶渊明

仲春遘时雨，始雷发东隅。
众蛰各潜骇，草木纵横舒。
翩翩新来燕，双双入我庐。
先巢故尚在，相将还旧居。
自从分别来，门庭日荒芜。
我心固匪石，君情定何如？

译文：

仲春时节，春雨应时而下，东方响起了阵阵春雷。

冬眠中的蛰虫受到惊扰（纷纷苏醒），刚刚发芽的草木也因为春雨滋润得以纵横舒展。

新燕翩翩飞来，成双成对飞到我的屋檐下。

去年的旧巢还在，它们便继续相携住下。

自从与你们分别以来，我的门庭日渐冷清。

我的心依旧坚如磐石（长期隐居的想法不变），不知你们的心情是否也如此呢？

春分

春分，二十四节气中的第四个节气，每年的公历3月20～21日之间交节。这一天的夜晚，北斗七星指向正东方向。

春分前后，燕子北归，满天的柳絮飘飞，小麦也冒了尖。这个时节，下雨时常伴有电闪雷鸣。田地间，人们在忙着干农活，空闲时还会比谁能更快地竖起鸡蛋。郊外，孩子们三三两两聚在一起放风筝。蔚蓝的天空点缀着几朵棉花似的白云，小朋友们在大自然里欢快地追着，赶着，晒着日光浴，享受大好春光。

谚语

- 吃了春分饭，一天长一线。
- 春分麦起身，一刻值千金。
- 春分有雨家家忙，先种瓜豆后插秧。

初候，玄鸟至

“小燕子，穿花衣，年年春天来这里……”耳边响起了熟悉的歌谣。这会儿，屋檐下的燕子正飞进飞出地衔泥巴修补巢穴呢！燕子怕冷，北方的冬天又很难捕到虫子，它们会选择飞往海南省、台湾省或更遥远的东南亚地区。当春天天气回暖时，它们便会飞回北方。

梨花

梨树是我国土生土长的植物，已有两千多年历史了。梨花先于叶子开放或与叶子同时生长。

花期：2～5月 果期：秋季

苦笋

笋的生长速度惊人。出土20厘米左右的苦笋最美味，错过这个时期，苦笋就长成竹子了。

植株：30～40厘米 成熟期：1～4月

找一找燕子在哪里？

数一数有几根苦笋？

树上开着什么花？这种花会结出什么果实呢？

春分时节到了，燕子们是从北方飞回南方，还是从南方飞回北方？

二候，雷乃发声

一声惊雷过后，春雨如期而至。一场春雨一场暖，万物被雷声唤醒，开始在成长的路上狂奔，直至夏天，不肯停歇。

三候，始电

雷鸣过五日，就能看见闪电。温柔的春姑娘发起脾气可真吓人，她或许在提醒人们，春耕的大忙时节到了，千万别放松。

香椿

早春时节，香椿树每个树枝的顶端大概会长出五六根顶芽，这时候采摘的头茬椿芽肥嫩鲜美。

植株：10 多米　花期：6 ～ 8 月
果期：10 ～ 12 月

找一找香椿在哪里？

数一数空中有几只燕子？

香椿初长的嫩芽做成菜非常美味。想一想，还有哪些植物初长的嫩芽可以做成美味佳肴呢？

想一想，要下雨的时候，是先看见闪电再听见雷声，还是先听见雷声再看见闪电呢？

辛夷

辛夷，别名紫玉兰。花蕾晒干后可入药，对治疗鼻病很有效果。

植株：15 米 花期：3 ~ 4 月

西府海棠

西府海棠树的树枝幼时是褐色的，长大后会变成红褐色或紫褐色；叶子有稀疏的短毛，会渐渐消失不见。

植株：8 米 花期：4 ~ 5 月 果期：8 ~ 9 月

找一找紫色的花朵在哪里？这种花叫什么名字呢？

说一说辛夷和西府海棠分别是什么颜色？

燕子的尾巴像什么？

传统习俗

粘雀子嘴

春分之后，稻谷即将成熟，为防止鸟雀偷吃庄稼，民间有用糯米团子“粘雀子嘴”的习俗。汤圆的主要原料都是糯米粉，做成汤圆黏性比较大。一些地方在做米糕或汤圆时，除了满足自家食用之外，还要特意做些没有馅儿的小糯米团子，用竹签穿起来插在田里，供觅食的鸟雀吃。鸟雀吃后，嘴巴会被粘住，不能再偷食庄稼。

人们希望通过“粘雀子嘴”这种方式，驱赶鸟雀，减少粮食损失。

竖蛋游戏

“春分到，蛋儿俏。”春分是玩竖蛋游戏的最好时间。“竖蛋”是中国习俗，现在已经成为了全世界都在玩的游戏。

竖蛋游戏需要选择一个刚生下四五天的鸡蛋。大头在下，小头在上，在桌子上尝试让鸡蛋立起来。因为这时的鸡蛋，蛋黄下沉，鸡蛋重心下降，有利于把鸡蛋竖起来。然后，找准位置。仔细观察，鸡蛋壳表面是凹凸不平的，上面有很多凸起的“小山”。只要找到三个刚好能构成一个三角形的小山，就可以稳定地支撑起鸡蛋，鸡蛋就可以竖起来。竖蛋很考验耐心，要多试几次才能成功。

放风筝

春分前后，微风吹拂，正是放风筝的最好季节。放风筝是一种很好的运动形式，放风筝需要跑动、牵线、控制，全身肌肉都会参加活动。

据传，风筝是鲁班受鸱鹰盘旋的启发“削竹为鹊，成而飞之”。最初的风筝称为“鸢”，造纸术出现后，人们开始用纸做风筝，称之为“纸鸢”。据明人陈沂《询刍录》说：“五代李邺于宫中做纸鸢，引线乘风为戏，后于鸢首以竹为笛，使风入竹，声如筝鸣，故名风筝。”从那以后，“纸鸢”开始叫“风筝”。

春分与诗

东栏梨花

宋 / 苏轼

梨花淡白柳深青，
柳絮飞时花满城。
惆怅东栏一株雪，
人生看得几清明。

译文：

如雪的梨花刚刚绽放，柳树枝条已经绿意浓浓。柳絮纷飞时，满城的梨花都已经盛开飘香。

我心惆怅，就像东栏外的一树梨花，静观世事。又有几人能把纷繁复杂的人生看得透彻、分明。

春分

南唐 / 徐铉

春分雨脚落声微，
柳岸斜风带客归。
时令北方偏向晚，
可知早有绿腰肥。

译文：

春分时节，细雨绵绵，轻轻地飘落，几乎不为人察觉。杨柳依依，微风轻拂，带回远方的客人。

这样的时节在北方出现得略晚，气候变暖也慢于南方。殊不知，如今南方已是草长莺飞，春暖花开。

清明

清明，二十四节气中的第五个节气，每年的公历4月4～6日之间交节，此时春意正浓。

“燕子来时新社，梨花落后清明。”二十四节气中，数清明最特别，因为它既是节气，又是节日。人们忙着扫墓，郊游踏青，追逐春天的脚步。这时候气温又爬高了，雨水也来凑热闹，正是春耕的大好时节。农谚说：“清明前后，种瓜点豆。”田地间随处可见忙碌的身影。

谚语

- 清明前后一场雨，好似秀才中了举。
- 清明种瓜，船装车拉。
- 清明雾浓，一日天晴。

初候，桐始华

清明时节，桐花应时开放。这里的桐指的是油桐树，先开花后长叶，花瓣五片，白里透着红，花期短。桐花绽放已是春夏交替之际，预示春天即将结束。簇拥枝头的白色花朵被风吹落一地，好似春日里的白雪，让人惊叹不已。

菠萝

菠萝是热带水果的一员。大多数菠萝生长在一个莲座状的叶丛上，底部有个蓄水叶筒，提供生长所需水分。

植株：40 ~ 90 厘米　花期：夏、秋、冬季
果期：四季

马兰头

马兰头有红梗和青梗之分，红梗可入药。马兰头适应能力很强，严寒酷暑都不怕。

植株：30 ~ 70 厘米　花期：4 ~ 9 月
果期：8 ~ 10 月

香葱

香葱叶子中间是空的，呈圆筒形。它是靠鳞茎来分株繁衍的。

植株：30 ~ 70 厘米　花期：四季
果期：四季

找一找可以入药的植物在哪里？

数一数桐花有几片花瓣？

地上生长着什么水果？这种水果吃起来是什么味道？

香葱是一种调味品，你还知道哪些可以做调味品的植物呢？

二候，田鼠化为鴽

强烈的阳光温暖了天气，这对于喜欢阴湿的田鼠来说，可不是什么好事，它们纷纷躲到地洞里。像鴽（鹌鹑）这样的小鸟可不这么认为，阳光明媚的天气多棒呀，正好出来活动活动筋骨。

麦花

冬麦开花了。麦花是白色的，开花时间短，只盛放 5 ~ 30 分钟就会凋谢。

植株：1 米　花期：4 ~ 5 月　果期：6 ~ 7 月

找一找，什么小动物躲进了地洞里？

数一数有几棵开花的麦子？

猜一猜图中两只小鹌鹑心情怎么样？它们在说什么呢？

放风筝是清明的一种民俗活动。说一说，你还知道哪些清明的习俗呢？

三候，虹始见

一场雷雨把天空洗刷得很干净，净化了粉尘，枝叶茂盛的树木把裸土抓得更紧。清新的空气，明净的天空，几缕阳光穿透云层，遇到空气中的水滴时会转变方向，发生折射现象，部分被分解成赤橙黄绿青蓝紫七种颜色，于是就出现了漂亮的彩虹。

芦笋

芦笋嫩茎肉质肥嫩，开黄色小花，营养丰富，有“蔬菜之王”的美称。

茎高：1米多 成熟期：春、秋季

柳花

柳树开深褐色的花，一定要通过昆虫授粉才能开花。柳花是单性花，每朵花里只有雄蕊或雌蕊。

花期：2～3月 果期：5～6月

蕨菜

蕨菜喜欢把家安在山区的向阳坡上，叶子是三角形的，边缘微微向内卷曲。蕨菜有“山菜之王”的美名。

植株：1米 成熟期：春、夏季

山药

山药是攀缘植物，在幼苗未到30厘米前必须搭架，且只保留一根粗壮的主茎。我们平时吃的就是山药的块茎。

植株：1米多

找一找山药在哪里？平时我们吃的是山药的哪个部分？

数一数图中种有几种蔬菜？

蕨菜的叶子卷起来像拳头，像拐杖，还像什么呢？

你见过雨后的彩虹吗？彩虹有几种颜色呢？

传统习俗

食青团

青团色泽鲜绿，香气扑鼻，是清明节最有特色的节令食品。清明节吃青团是我国江南地区的传统习俗，历史悠久。

青团的做法，有的采用浆麦草，有的采用青艾汁，也有用其他绿叶蔬菜汁和糯米粉捣制相互融合，揉成青绿色面团。如果不加馅料，就直接上锅蒸熟食用；有的地方会包上豆沙、枣泥等馅料，然后上锅蒸熟食用。蒸时一般用芦苇叶铺在蒸笼底部。

青团曾经有祭祀用途，经过历史变迁，现如今这种用途已经日益淡化，传承发展成为春天的一种时令点心，在我国很多地方流行。

祭祖扫墓

“祭祖扫墓”是清明节的主要习俗活动，至今已有上千年的历史，主要是追思祖先，哀思缅怀，感恩长辈抚育。

人们在清明节到祖先和已故亲人墓前清理墓边杂草，摆上供品，如酒水、点心、水果，或摆上鲜花，来表达自己对已故亲人的哀思。祭祀行礼，可以是跪拜，可以是鞠躬。祭祀时，不可以从供品上迈过，不能大声喧哗、嬉笑打闹，那都是对祖先不尊敬的表现，要安静、严肃。

踏青

踏青为春日郊游，也称“踏春”，一般指春时到郊外散步游玩。历史上曾以清明节为踏青节，全国各地“踏青”的具体日期略有差异，大体上以清明出游踏青居多。

清明踏青是顺应时令，阳春三月，生气始盛，万物萌生，人们从家中走到野外，可以唤醒身心，对身体的健康有很多好处。

现在的郊外踏青，很多人会搭起帐篷，组织特色野餐活动或亲子游戏活动，还可以带领孩子参加挖野菜活动，识别野菜、亲近自然。

清明与诗

柳花词三首

唐 / 刘禹锡

开从绿条上，散逐香风远。
故取花落时，悠扬占春晚。

轻飞不假风，轻落不委地。
撩乱舞晴空，发人无限思。

晴天暗暗雪，来送青春暮。
无意似多情，千家万家去。

译文：

柳花绽放于绿枝条上，随着春风四处飘远。

选择在众花落尽时节开放，便气定神闲地占据了晚春的景色。

柳絮轻轻飞起，无须向风儿借力；缓缓落下，不易停留于地面。

晴空之下，风吹柳絮，满天轻盈起舞，引发人们无限遐思。

在天晴的时候，它如同落下暗色的雪花，仿佛在为这晚春送行。

它们无意识地飞来飞去，却似多情的使者，飞入千家万户。

清明

唐 / 杜牧

清明时节雨纷纷，
路上行人欲断魂。
借问酒家何处有？
牧童遥指杏花村。

译文：

又到了清明时节，小雨淅淅沥沥下个不停，赶路的行人走在泥泞的路上，愁容满面、伤心欲绝。

想找个歇脚的地方，便向行人打听哪里有酒馆，一个小牧童指着远处说：前面就是杏花村了。

谷雨

谷雨，二十四节气中的第六个节气，每年的公历4月19～21日之间交节。它的到来，为寒潮天气画上句号。

天空中，鸟儿在忙着觅食；花园里，花儿竞相开放；小河里，鱼儿尽情嬉戏。一阵风吹过，河边的柳絮开始随风飘扬，空气中好似能闻到阵阵花香。古人常说："雨生百谷。"这边，人们忙着种棉花、种大豆，种下沉甸甸的希冀；那边，人们采集春茶，照顾蚕宝宝，享受收获的喜悦。

谚语

- 谷雨是旺汛，一刻值千金。
- 谷雨有雨棉花肥，谷雨有雨好种棉。
- 谷雨过三天，园里看牡丹。

初候，萍始生

谷雨过后，降雨量增多，气温升高，浮萍开始野蛮生长，热闹了池塘。看，鸟儿在帮生病的浮萍捉虫子，鱼儿躲在浮萍下嬉戏，时不时地吞下几口填饱肚子。

棠梨

棠梨是一种野生梨，常生长在荒郊、路边或山脚处。开小白花，果子个头小，味道有些酸涩。

植株：4～10米　花期：4～5月
果期：10月

青梅

青梅喜欢生长在温暖湿润的地方。青梅木材不易发霉，可用来造船、制成工艺品等。

植株：约20米　花期：12月～翌年1月
果期：4～5月

二候，鸣鸠拂其羽

春季万物生长，雨水充沛，斑鸠长出了新的羽毛。这羽毛会让斑鸠有些不习惯，它常常会低头啄来啄去。

杜鹃花

杜鹃花枝叶茂盛，每簇花有二至六朵，花色多。它十分喜欢酸性土壤，因此成为酸性土壤的指示物。

植株：2～5米　花期：4～5月
果期：9～10月

牡丹

牡丹因植株高大，花型宽厚，色泽鲜艳，被拥戴为“百花之王”，象征团圆、富贵。

植株：2米　花期：5月　果期：6月

找一找柳树的枝条在哪里？

枝头生长着什么水果？分别数一数它们的数量吧！

杜鹃花瓣和牡丹花瓣大小有什么不同？

池塘上飞着的小鸟在做什么？

三候，戴胜降于桑

谷雨时节，桑树上可以看到戴胜鸟了，只见成对的戴胜鸟头顶五彩羽毛，嘴巴又细又尖，正在树上观察周围的动静。它们性格活泼，喜欢在潮湿开阔的地方觅食。戴胜鸟的到来，也在提醒人们：蚕宝宝要进入快速成长期了。

桑葚

桑葚是一种聚花果，果实紧密地排成长圆形。吃桑葚时手变黑了，可以用盐水或者维生素C水洗洗手。

植株：10米 花期：4～5月 果期：5～7月

尖叶莴笋

尖叶莴笋绿白的身子呈棒状，披针形的叶子挨挨挤挤互生着，叶子带褶皱，开黄色小花。

植株：25～100厘米 成熟期：春、秋季

数一数池塘中有几条红色的鱼？

说一说树枝上的斑鸠在做什么？

吃完红色或黑色的桑葚，再照照镜子，看看自己的舌头变成什么颜色了呢？

本页我们见到了尖叶莴笋，你还记得圆叶莴笋长什么样子吗？回到雨水节气去看看吧！

水芹

水芹是一种高产的蔬菜，叶柄上长着三角形的叶片，开白色的小花。它的嫩茎和叶柄是餐桌上的常客。

植株：20 ~ 60 厘米　花期：春、夏季
果期：8 月

茼蒿菜

春季采摘的茼蒿菜茎叶肥嫩，有淡淡的蒿气，取名茼蒿。可食用的茼蒿分尖叶和圆叶两种。

植株：30 ~ 60 厘米　花期：5 ~ 6 月
果期：8 月

马齿苋

马齿苋的茎平躺在地上，四散生长，农田间、道路旁、菜园里随处可见。

植株：5 ~ 15 厘米　花期：5 ~ 9 月
果期：7 ~ 10 月

枸杞芽

枸杞的嫩叶就是枸杞芽，人们又叫它枸杞头、甜菜头。入口先苦后甜，可用它来清火、壮筋骨。

植株：60 ~ 80 厘米　成熟期：5 ~ 6 月

找一找桑葚在哪里？

你吃过茼蒿菜吗？吃过用哪些烹饪方式做的茼蒿菜？

马齿苋和水芹的茎有什么不同？

你见过枸杞吗？枸杞结出的果实是什么颜色的？

传统习俗

吃香椿

香椿是一种蔬菜，远远就能闻到其浓郁的香味。香椿营养丰富，富含钙、磷、钾等多种矿物质，另外，还含有维生素C以及维生素E等营养成分，适当吃一些香椿可以增加身体营养。香椿含有挥发性芳香族有机物，可以起到增进食欲的效果。香椿中的膳食纤维含量丰富，适量进食还有助于排便。

香椿最好趁鲜嫩时吃，放置时间一长，香椿的亚硝酸盐的含量会增加，影响身体健康。

谷雨茶

谷雨是采茶喝茶的好时节。谷雨茶，是谷雨时节采制的春茶，又叫二春茶。在江南很多地方，谷雨时节有喝“谷雨茶”的习俗。

春季温度适宜，雨量充足，茶树枝头的芽叶小小的、厚厚的，非常饱满，芽叶的颜色青翠碧绿，叶子柔软。这时的茶叶营养丰富，味道清鲜，香气怡人，含多种维生素和氨基酸。

谷雨茶可以采摘嫩芽，可以采摘一芽一嫩叶的，也可以采摘一芽两嫩叶的。把它们采摘下来，精心炒制，即为上等好茶。

祭海

谷雨祭海祈福是中国沿海地区的地方传统习俗。

谷雨时节，海水开始回暖，海里的鱼儿都会游至浅海地带，渔民开始迎接春季捕鱼期。出海捕鱼，迎风踏浪，天气多变，有一定的风险。为了出海平安，满载鱼虾而归，古时候，生活在海边的渔民们都会在谷雨这一天祭海，祈求海神的保佑。祭海的形式多种多样，有的渔民们身着节日盛装到龙王庙或海神娘娘庙祭拜，有的到海边沙滩上或渔船旁烧纸焚香、鸣放鞭炮，还有的面向大海膜拜海龙王。

现在，有些地区已经把祭海延续成娱乐活动，除了龙王庙里的活动，还在大街上组织了踩高跷、舞龙、耍狮子等娱乐活动，场面宏大、气氛热闹。入夜后，还组织“放海灯”的仪式。

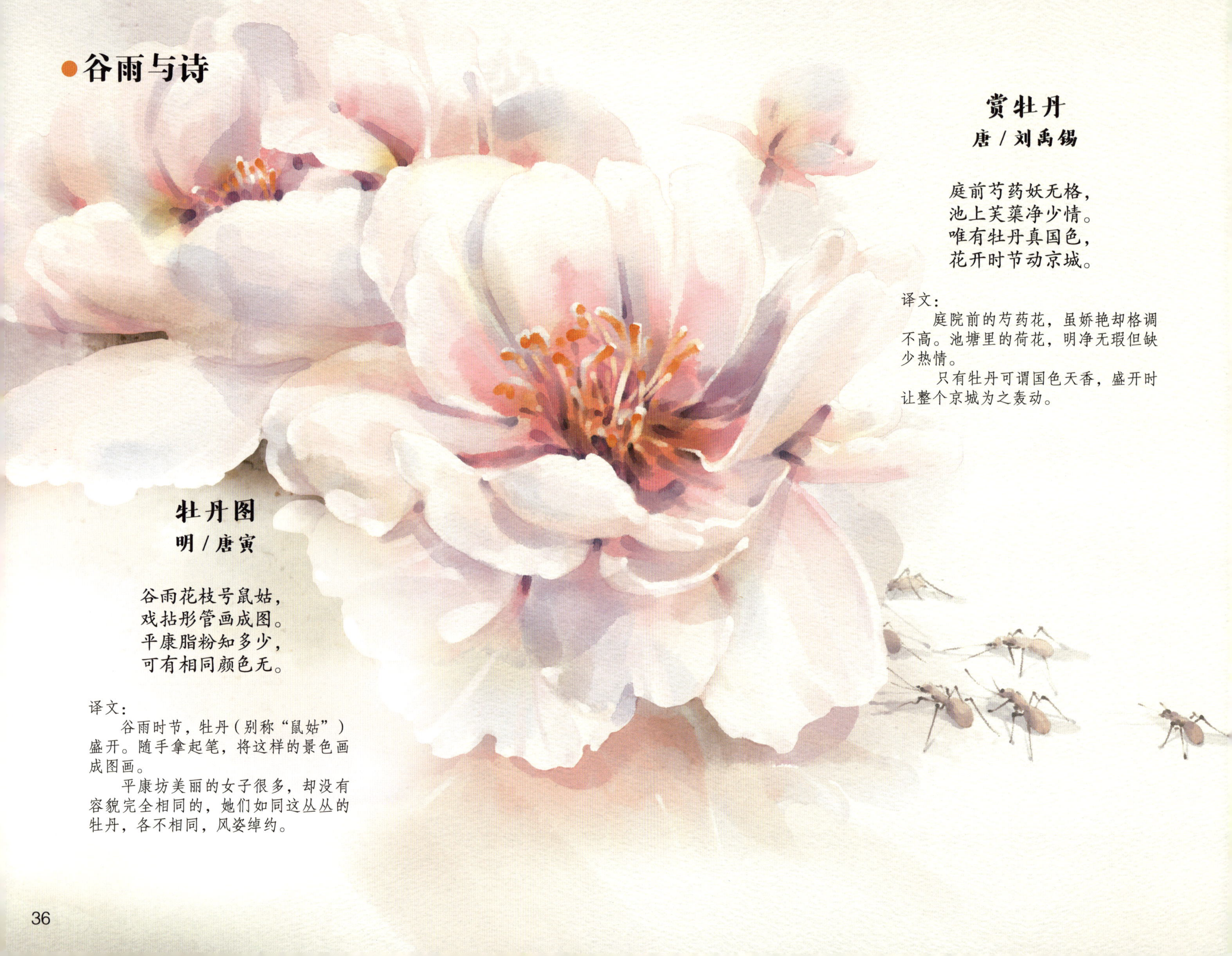

谷雨与诗

赏牡丹

唐 / 刘禹锡

庭前芍药妖无格，
池上芙蕖净少情。
唯有牡丹真国色，
花开时节动京城。

译文：

庭院前的芍药花，虽娇艳却格调不高。池塘里的荷花，明净无瑕但缺少热情。

只有牡丹可谓国色天香，盛开时让整个京城为之轰动。

牡丹图

明 / 唐寅

谷雨花枝号鼠姑，
戏拈彤管画成图。
平康脂粉知多少，
可有相同颜色无。

译文：

谷雨时节，牡丹（别称“鼠姑”）盛开。随手拿起笔，将这样的景色画成图画。

平康坊美丽的女子很多，却没有容貌完全相同的，她们如同这丛丛的牡丹，各不相同，风姿绰约。

排排序：春天的节气哪个先到，哪个后到呢？把下面的节气按顺序排一排吧！

(　　)

(　　)

(　　)

(　　)

(　　)

(　　)

连一连：下面的动物在哪个节气的哪个物候中出现过呢？回到书中找一找，把物候和动物图片连起来吧！

立春三候，鱼陟负冰

雨水二候，候雁北

惊蛰三候，鹰化为鸠

谷雨初候，萍始生

找一找：下面哪些植物的果实不属于水果？把它们圈出来吧！

涂一涂：给下面的花朵涂上你喜欢的颜色吧！空处可以画一些蜜蜂和蝴蝶或者一些其他品种的花哦！

越玩越聪明

藏在24节气里的秘密②

夏

思维牧场 / 编
罗悦　潘忠英 / 图

天津出版传媒集团
天津人民美術出版社

二十四节气是什么?

二十四节气，是中国传统历法农历中表示季节变迁的 24 个特定节令。

古时候，人们在高大的土堆上竖起长竿，长竿在太阳的映照下投下影子。古人每天观察记录竿影的长短和角度的变化，慢慢总结出了天象的周期。

古人根据太阳在黄道的位置变化规律，总结制定了二十四节气。黄道是什么呢？地球绕太阳公转一圈，这个运行轨迹就是黄道。太阳从春分点出发，每前进 15° 为一个节气，运行一周后又回到春分，总共 360° 。

节气在现行的公历中时间交替节点略有不同，上半年在 6 日、21 日，下半年在 8 日、23 日，前后相差 1~2 天。

两千多年来，二十四节气在指导人们的农业生产和日常生活方面发挥了重要作用。在国际气象界，二十四节气被誉为“中国的第五大发明”。2016 年，“二十四节气”被正式列入联合国教科文组织人类非物质文化遗产代表作名录。

二十四节气是中国传统文化的重要组成部分，跟着二十四节气了解自然变化规律，可以帮助孩子理解事物变化的内在联系，启发孩子积极探索大自然的无穷奥秘。

七十二候是什么?

七十二候，是我国古代用来指导农事活动的历法补充。

古代的人们根据黄河流域的地理、气候和自然界的一些景象编写了七十二候。每五日为候，每个节气可分为三候，一年二十四节气划分为七十二候。

七十二候的“候”可分为两类，一是生物候，例如蚯蚓出、寒蝉鸣、桃始华、萍始生等；二是非生物候，例如雷乃发声、土润溽暑、水始冰等。

七十二候是中国古人在季节变化中，细致观察生物生长和环境变化规律的智慧结晶。理解七十二候，可以帮助孩子体验节气变化的奇妙，感受传统文化的巨大魅力。

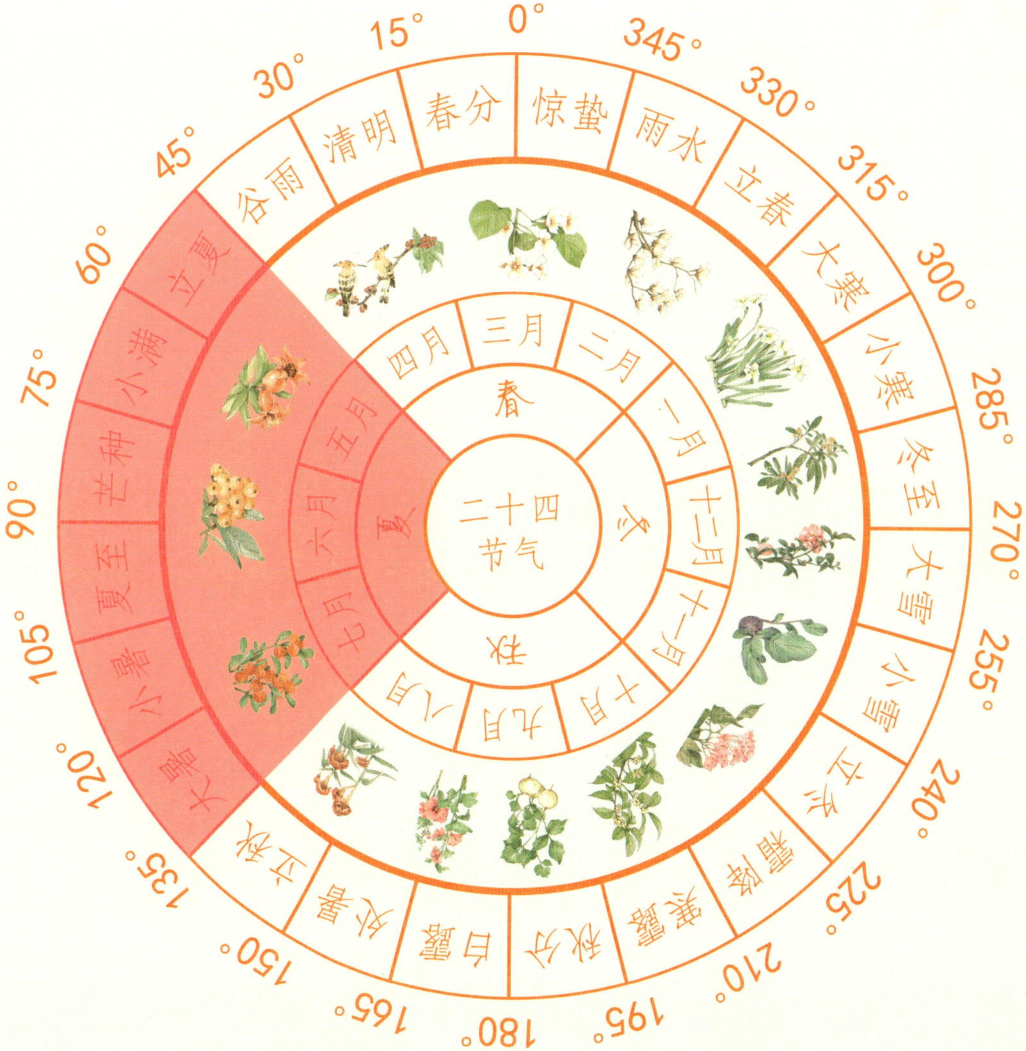

节气歌

春雨惊春清谷天，
夏满芒夏暑相连，
秋处露秋寒霜降，
冬雪雪冬小大寒。
上半年逢六、廿一，
下半年逢八、廿三，
每月两节不变更，
最多相差一两天。

夏

立夏 **公历 5 月 5 ~ 6 日之间交节**

初候，蝼蝈鸣
二候，蚯蚓出
三候，王瓜生

小满 **公历 5 月 20 ~ 22 日之间交节**

初候，苦菜秀
二候，靡草死
三候，麦秋至

芒种 **公历 6 月 5 ~ 7 日之间交节**

初候，螳螂生
二候，鵙始鸣
三候，反舌无声

夏至 **公历 6 月 21 ~ 22 日之间交节**

初候，鹿角解
二候，蜩始鸣
三候，半夏生

小暑 **公历 7 月 6 ~ 8 日之间交节**

初候，温风至
二候，蟋蟀居壁
三候，鹰始鸷

大暑 **公历 7 月 22 ~ 24 日之间交节**

初候，腐草为萤
二候，土润溽暑
三候，大雨时行

立夏

立夏，二十四节气中的第七个节气，每年的公历5月5～6日之间交节。季节更替，夏天如期而至。

立夏时节，温度升高，雨水充沛，万物进入疯长时期。倾盆大雨过后，能听见田间蝼蝈不停地鸣叫，看到蚯蚓从土里钻出掘土，田里的王瓜也已成熟。人们开始种西瓜，顺便给果树喷药驱虫。这个节气里，大人还会将煮熟的蛋挂在小孩子胸前，用来祛病消灾。

谚语

- 立夏到小满，种啥也不晚。
- 立夏三日正锄田。
- 立夏麦咧嘴，不能缺了水。

芒果

芒果有“热带水果之王”的美称。芒果的叶子和树皮可以做染料，树干可做家具或舟车。

植株：10 ~ 30 米 花期：春、冬季
果期：5 ~ 6 月

石榴花

石榴花是单性花，一棵树上的花既有雌花又有雄花。石榴花还可以做药材。

植株：3 ~ 6 米 花期：5 ~ 6 月
果期：9 ~ 10 月

初候，蝼蛔鸣

夏天的清晨，茂盛的草木吸吮了阳光雨露的营养，根须汁水足，这可把蝼蛔高兴坏了。它们快速跳到上面大吃特吃起来，得意忘形地发出鸣叫声。不过，这声音若引来青蛙，把小命儿丢了就惨了。

蚕豆

蚕豆在两千多年前就来我国安家了，是最古老的食用豆类之一。蚕豆因形状似老蚕而得名。

植株：30 ~ 120 厘米
花期：4 ~ 5 月
果期：5 ~ 6 月

二候，蚯蚓出

一场大雨过后，泥土里渗入不少雨水，寄居在土里的蚯蚓感到空气稀薄，快没办法顺畅地呼吸了，于是便爬出洞穴活动活动。可是四周危机重重，它们一不小心也会被青蛙吃掉的。

找一找蚯蚓在哪里？

数一数树枝上有几个芒果？

石榴花是什么颜色的？石榴花结的果实是什么形状呢？

剥开蚕豆的豆荚，里面会有好多绿色的豆豆。想一想，你还知道哪些植物的果实有豆荚呢？

三候，王瓜生

立夏时节，躺在田间地头的王瓜成熟了。王瓜不择风土，叶片呈卵形或圆形，开黄花，花下面结出又大又胖的果实。王瓜的果实、种子和根都可以入药。

紫藤花

紫藤花先开花后长叶子。紫藤花的寿命很长，花开半月不凋。

植株：10 米　花期：4 ~ 5 月
果期：10 ~ 11 月

石竹花

石竹花不怕冷，它强劲有节，酷似竹子，因此得名。石竹花白天绽放，夜晚闭合。

植株：30 ~ 40 厘米　花期：5 ~ 8 月
果期：9 ~ 10 月

莙荙菜

按照叶柄颜色，莙荙菜可分为青梗、白梗和红梗。我们吃的大多是青梗的。

植株：30 ~ 100 厘米　花期：5 ~ 6 月
果期：7 月

找一找王瓜在哪里？

哪些植物开花了？它们的花朵分别是什么颜色呢？

青蛙在哪里？它是什么颜色？

想一想，蚯蚓在莙荙菜周围的土里钻来钻去，会对莙荙菜的生长有什么影响呢？

茭白

茭白是水生蔬菜。叶长披针形，可以长到一米多长。根系发达，需水量多，靠近水源的平整而深厚的土地最适合它生长。

植株：1～2米　花期：夏、秋季
果期：夏、秋季

丁香

细长如钉的花筒，很好地诠释了丁香花的名字。丁香花颜色多，好成活，是观赏花家族曝光率最高的成员之一。丁香还可以作为调味品使用。

植株：10米　花期：夏、秋季

毛豆

毛豆就是新鲜连荚的黄豆。我国是毛豆的故乡，它的祖先可追溯到五千多年前。

植株：30～90厘米
花期：6～7月
果期：7～9月

数一数土中种有几棵茭白？

毛豆和第2页的蚕豆有什么不同（找出三点）？

丁香是根据它自身的什么特点命名的？

传统习俗

挂蛋

挂蛋主要在我国南方地区流行。俗语有云："立夏胸挂蛋，孩子不疰夏。"疰夏又称苦夏，是因为夏天炎热高温、雨水增多而引发的一种常见病症。患病人身体会出现乏力、厌食、消瘦等症状，尤其小孩子体弱，更容易出现这种症状。传统习俗是以红茶等为作料把鸡蛋煮熟，经过冷水浸泡降温，制作成"立夏蛋"，放在提前编织好并拴有长绳的网兜中，挂在孩子们胸前，最后把它吃掉，就可以预防这种疾病。

有时，小孩子们还会聚在一起玩斗蛋游戏，各自拿着胸前的"立夏蛋"互相碰撞，谁的蛋壳先破，谁便输掉游戏。

称人

"称人"就是称人的体重，流行于江南地区。到了夏天，天气炎热容易影响人们的食欲，而且会大量出汗，因此人们很容易消瘦。在立夏时节要称一下体重，到夏天过完的时候，还要再来称上一称，如果体重下降了，秋天时就要"贴秋膘"。

每到立夏时，人们就会在村口支起一杆大秤，村里男女老少都轮流称上一称，边称还要边说吉利话，如称小孩子时会说："秤花一打二十三，小官人长大会出山。七品县官勿犯难，三公九卿也好攀。"若是称老人则祝愿长命百岁，年轻人则祝愿事业顺利。

尝"三新"

立夏，万物欣欣向荣，蓬勃生长，各种鲜果、蔬菜陆续上市。江南地区在此时节有尝"三新"的风俗，"三新"一般是指樱桃、青梅和鲥鱼。

樱桃是色、香、味、形俱佳的新鲜水果，在我国南北方都有种植，品种较多，分布较广。青梅，指未成熟的梅子，味酸而脆。鲥鱼是长江中名贵鱼类之一，每年春夏之交，从沿海水域洄游到江中产卵。因鲥鱼生存环境污染严重，加上被过度捕捞，已经濒临灭绝，现在是国家保护鱼类。

"三新"因地区而异，也有"竹笋、樱桃、梅子"或"樱桃、青梅、麦仁"，又或"竹笋、樱桃、蚕豆"等不同内容。总的来说，在立夏时节尝"三新"就是品尝新鲜时令食物的一种风俗。

立夏与诗

点绛唇·素香丁香

宋 / 王十朋

落木萧萧，琉璃叶下琼葩吐。
素香柔树。
雅称幽人趣。
无意争先，梅蕊休相妒。
含春雨。
结愁千绪。
似忆江南主。

译文：

树叶还有些稀疏，晶莹透绿的丁香叶下，紫色的丁香花已经开放。淡淡的香气环绕着树干，雅士称其为幽居之人的闲趣。

丁香无意与群芳争先，梅花不用嫉妒。整株丁香花在凄凄春雨中看起来愁肠百转，好像在思念江南的故土。

立夏

宋 / 赵友直

四时天气促相催，
一夜薰风带暑来。
陇亩日长蒸翠麦，
园林雨过熟黄梅。
莺啼春去愁千缕，
蝶恋花残恨几回。
睡起南窗情思倦，
闲看槐荫满亭台。

译文：

四季总是互相催促着上阵，一夜的暖风就把暑天带来了。

田间越来越热，绿色的小麦眼看就要变黄；园林里，一阵雨后，黄梅也渐渐成熟。

黄莺啼鸣，像在为春天的离去抒发愁绪；蝴蝶飞舞徘徊，如同为凋零的花朵反复地惆怅。

午后睡起，慵懒地躺在南窗下，悠闲地赏着那满院的槐荫，无比惬意。

小满

小满，二十四节气中的第八个节气，每年的公历5月20～22日之间交节，此时麦类等夏熟作物籽粒开始饱满。

“花季清明，雨季小满。”花儿、果子、庄稼都畅快淋漓地喝饱后，沐浴阳光，快速生长起来。没多久，人们心心念念的蒲公英开了，酸酸甜甜的樱桃红了，金黄金黄的麦粒饱满了。这正是小得盈满。它们载着农民伯伯的期许，相信今年一定是个丰收年。

谚语

- 小满不满，芒种不管。
- 小满动三车，忙得不知他。
- 小满后，芒种前，麦田串上粮油棉。

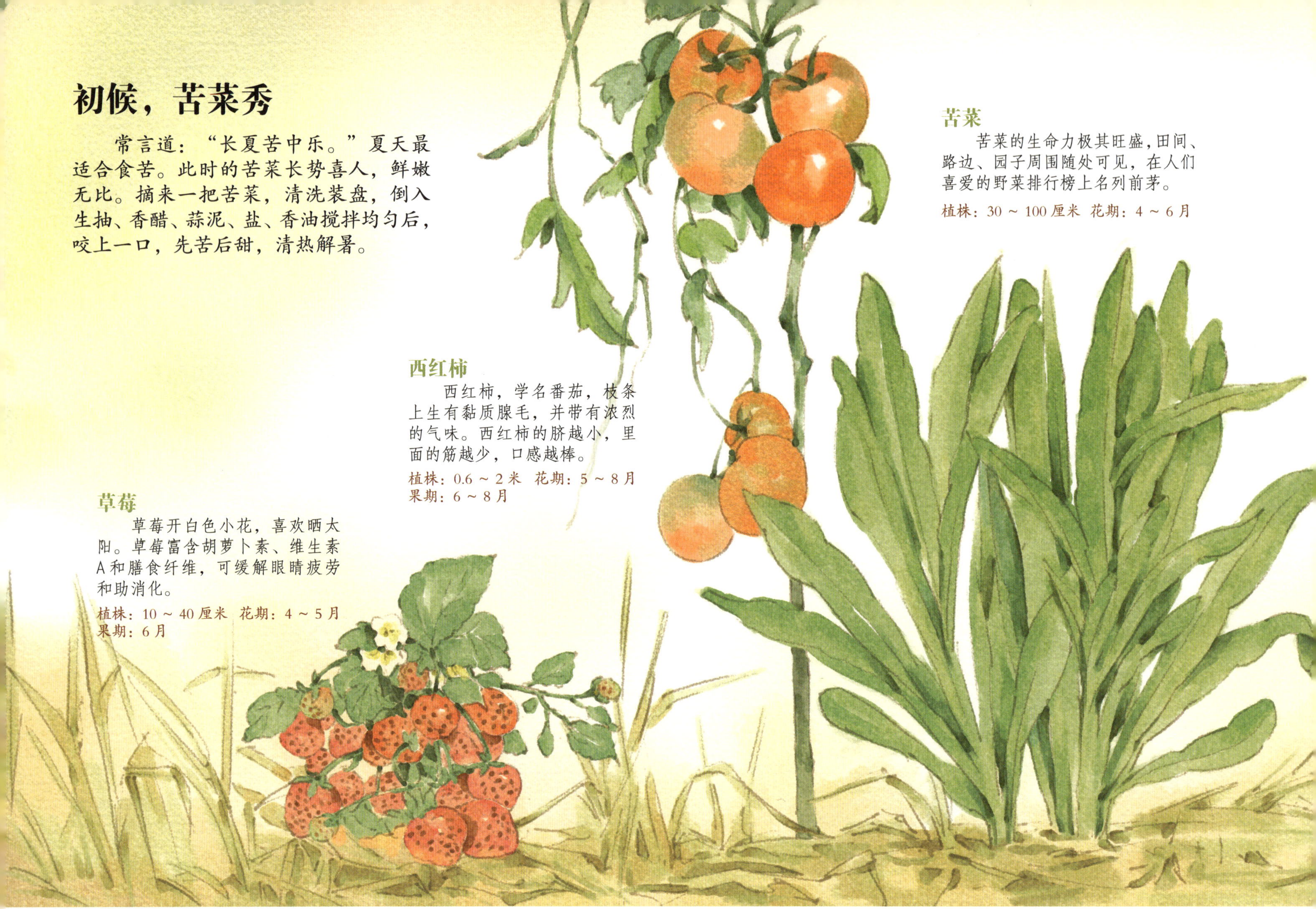

初候，苦菜秀

常言道：“长夏苦中乐。”夏天最适合食苦。此时的苦菜长势喜人，鲜嫩无比。摘来一把苦菜，清洗装盘，倒入生抽、香醋、蒜泥、盐、香油搅拌均匀后，咬上一口，先苦后甜，清热解暑。

苦菜

苦菜的生命力极其旺盛，田间、路边、园子周围随处可见，在人们喜爱的野菜排行榜上名列前茅。

植株：30 ～ 100 厘米 花期：4 ～ 6 月

西红柿

西红柿，学名番茄，枝条上生有黏质腺毛，并带有浓烈的气味。西红柿的脐越小，里面的筋越少，口感越棒。

植株：0.6 ～ 2 米 花期：5 ～ 8 月
果期：6 ～ 8 月

草莓

草莓开白色小花，喜欢晒太阳。草莓富含胡萝卜素、维生素 A 和膳食纤维，可缓解眼睛疲劳和助消化。

植株：10 ～ 40 厘米 花期：4 ～ 5 月
果期：6 月

找一找还没有变红的草莓在哪里？

数一数画面中有几个西红柿？

说一说西红柿生吃是什么味道呢？

苦菜吃起来味道是苦的。想一想，还有哪些苦味的蔬菜呢？

樱桃

樱桃是喜光、喜温、喜湿、喜肥的果树。樱桃的营养丰富，被誉为“天然维C之王”“生命之果”。

植株：2～6米 花期：3～4月
果期：5～6月

枇杷

枇杷在秋冬开花，春夏成熟，承四时之雨露，被称为“果木中独备四时之气者”。枇杷浑身都是宝，花、核、叶、皮、根都可入药。

植株：3～6米 花期：秋、冬季
果期：春、夏季

二候，靡草死

有些枝条细软的野草禁不住烈日的暴晒，慢慢开始变黄、枯萎。它们的一生短暂而精彩，枯萎不代表结束，而是积蓄能量，等待重生。

蒲公英

蒲公英开明黄色的花朵，果实似白色绒球。果实成熟后，就会随风飘到新的地方安家落户。

植株：4～10厘米 花期：4～9月
果期：5～10月

找一找小鸟在哪里？

说一说飞在空中的蒲公英的种子像什么？

樱桃和枇杷在颜色上有什么不同？

猜一猜小鸟站在枯草里可能在想什么？

三候，麦秋至

虽然时间停留在夏季，但对于麦子来说已是成熟的“秋”，所以叫麦秋。此时的华北冬小麦正值关键的灌浆期，最怕高温干旱的天气，让麦粒不饱满。

荔枝

我国是荔枝的故乡，早在两千多年前的汉代，人们就开始栽种荔枝了。

植株：10 米　花期：春季
果期：夏季

小麦

小麦是粮食家族最重要的成员之一。按播种期划分，麦子分为冬小麦和春小麦，我国以种植冬小麦为主。

植株：60 ~ 100 厘米　花期：5 ~ 6 月
成熟期：夏、秋季

找一找水轮在哪里？

荔枝吃起来是什么味道呢？

小麦是粮食作物。想一想，你还知道哪些粮食作物？

传统习俗

祭蚕神

中国是最早种桑饲蚕的国家。在古代男耕女织的社会中，蚕为纺织提供材料，占有重要地位。祭蚕神是我国江南地区的一种民俗活动。江南地区是蚕桑之乡，有悠久的栽桑养蚕历史。

相传小满是蚕神诞辰，为祈求养蚕获得一个好收成，江南地区养蚕人家会在小满时节举办“祈蚕节”，人们会到“蚕神庙”或其他祭祀场所摆设香案，供上水果、美酒、用面捏成的蚕茧和丰盛的菜肴祭拜蚕神。蚕神在古代有蚕女、马头娘、马明王、马明菩萨、蚕花娘娘、蚕丝仙姑、蚕皇老太等多种称呼，是民间信奉的主管蚕桑的神。

挖野菜

小满时节，各种庄稼、蔬菜、草木都在茂盛生长，处处展现一片绿油油的、葱葱茏茏的丰茂景象。这时，野菜也成长起来，茎秆翠绿，叶肥多汁，正是挖野菜的好时节。

有些地区小满挖野菜，制作可口佳肴已经成为传统风俗。野菜中，苦菜是我国古代常吃的野菜，地域分布较广。小满时节本就是青黄不接之时，苦菜在炎炎夏日不仅可以解暑，而且也是当时老百姓果腹的重要食物来源。

现代科学研究表明，苦菜营养丰富，含有人体所需要的多种维生素，具有清热、凉血和解毒的功能。

动三车

“小满动三车”是我国江南地区的民俗活动。三车是指缫丝车、榨油车、水车。小满时节，农村到处都是一派繁忙的景象。

动水车，小满前后，江南农田需要蓄水，若是“小满不满”，到了下一个节气芒种时，农田很可能会因为田坎干裂而无法耕种。于是，农人们会踏水车引水入田。

动榨油车，小满时节，油菜籽丰收，人们把一粒粒油黑透亮的油菜籽送到小油坊去榨油。油车转动，经过一系列操作工序，鲜亮、浓香的菜籽油出来了。

动缫丝车，缫丝，就是蚕妇煮茧抽丝的一个过程，在此过程中需要借用缫丝车。《清嘉录》中记载：小满乍来，蚕妇煮茧，治车缫丝，昼夜操作。

小满与诗

百合花

宋 / 韩维

真葩固自异，美艳照华馆。
叶间鹅翅黄，蕊极银丝满。
并萼虽可佳，幽根独无伴。
才思羡游蜂，低飞时款款。

译文：

真正的花儿从来就与众不同，绽放时的美丽照亮了整个房间。

它的叶片上透着鹅黄色，银丝般的花蕊更显高雅。

虽然可以并蒂开花，但百合的根却是单独一个。

有时它也会羡慕那些飞来飞去的蜂蝶，它们慢慢低飞时，是那样自在闲适。

归田园四时乐春夏二首（其二）

宋 / 欧阳修

南风原头吹百草，草木丛深茅舍小。
麦穗初齐稚子娇，桑叶正肥蚕食饱。
老翁但喜岁年熟，饷妇安知时节好。
野棠梨密啼晚莺，海石榴红啭山鸟。
田家此乐知者谁？我独知之归不早。
乞身当及强健时，顾我蹉跎已衰老。

译文：

南风吹起原上的野草，茂盛的草丛深处掩映着小小的茅舍。

麦穗刚刚长齐，如同稚嫩的娃娃。桑叶正肥，蚕宝宝可以吃得很饱。

老翁看着这样的好年景，感到很满足。农妇只顾忙着田里的活计，却无暇欣赏这些好景色。

野海棠长得正艳，梨花也开得茂密，晚莺栖于枝头发出悦耳的啼鸣。石榴花红透山间，与山鸟的啁啾声相映成趣。

如此惬意的农家乐有谁知道呢？只有我，却也觉出选择归隐已然太晚。

这样的生活应在身体强健时就开始，看看我自己，如今已在岁月蹉跎中日渐衰老。

芒种

芒种，二十四节气中的第九个节气，每年的公历6月5～7日之间交节，此时进入忙夏收、忙夏种、忙夏长的“三夏”大忙季节。

“芒种芒种，有收有种。”田野间，带芒的麦子等待收割，有芒的稻子等待种植，农民伯伯正忙着一边收割幸福，一边耕种希望。

天气越来越热了，雨点噼里啪啦一阵过后，被太阳公公赶跑了。雨水开始蒸发，户外像个大蒸笼。

谚语

- 芒种前后麦上场，男女老少昼夜忙。
- 栽秧割麦两头忙，芒种打火夜插秧。
- 芒种不种，再种无用。

初候，螳螂生

螳螂要经过卵、若虫、成虫三个发育阶段。“仲夏螳螂生”，每年的六月初，熬过寒冬的卵鞘开始孵化，不久后一只只身长10～15毫米挥舞着“大刀”的螳螂从卵鞘里爬出来了。一个卵鞘最多能孵出300多只螳螂，太强大了！

二候，䴗始鸣

䴗，又名伯劳。要说伯劳鸟最厉害的地方，非它那大而硬的嘴巴莫属了。它异常凶猛，常站在高处观察周围动静，伺机捕捉食物，故有“雀中猛禽”之称。此刻站在土坡上的它，更像个芒种的“提调官”，监督菜园里的一切。

杏子

杏子家族庞大，品种多。杏树每年三四月开花，六七月果子成熟，果肉酸甜多汁，杏仁或苦或甜。

植株：5～10米　花期：3～4月
果期：6～7月

女贞

女贞是一种观赏树木。它对汞污染很敏感，如果住的地方污染严重，它的枝叶、根茎、花蕾就变黑或脱落。

植株：10～25米　花期：5～7月
果期：7月至翌年5月

找一找伯劳鸟在哪里？

数一数有几只小螳螂？

说一说杏子吃起来是什么味道？

女贞是一种观赏树木。想一想，你在街边见过哪些观赏树木？

芹菜

芹菜的香气浓烈，茎带棱角和直槽，叶子边缘呈锯齿状。它特别抗冻，在0°C以下的低温天气也能存活。

植株：60 ~ 80 厘米　花期：夏、秋季
果期：夏、秋季

夏橙

夏橙在当年春天开花，次年夏季成熟。果子会随着气温的升高和降低，出现“三青三黄”的变化。

植株：5 ~ 6 米　花期：春季
果期：夏季

黄菖蒲

黄菖蒲喜欢把家安在水中或湖边的湿地上。它的根茎粗壮，叶子呈披针形，开黄色的花。

植株：60 ~ 100 厘米　花期：5 ~ 6 月

黄瓜

黄瓜是攀援植物，其藤蔓需要顺着架子往上爬。我们吃的黄瓜都是没有成熟的，如果等它真正成熟变成黄色，就太难吃了。

植株：3 米　花期：5 ~ 9 月
果期：6 ~ 9 月

数一数画面中有几个夏橙？

画面中有几种蔬菜？它们分别叫什么名字？

芹菜和黄菖蒲在外观上有什么不同（找出三点）？

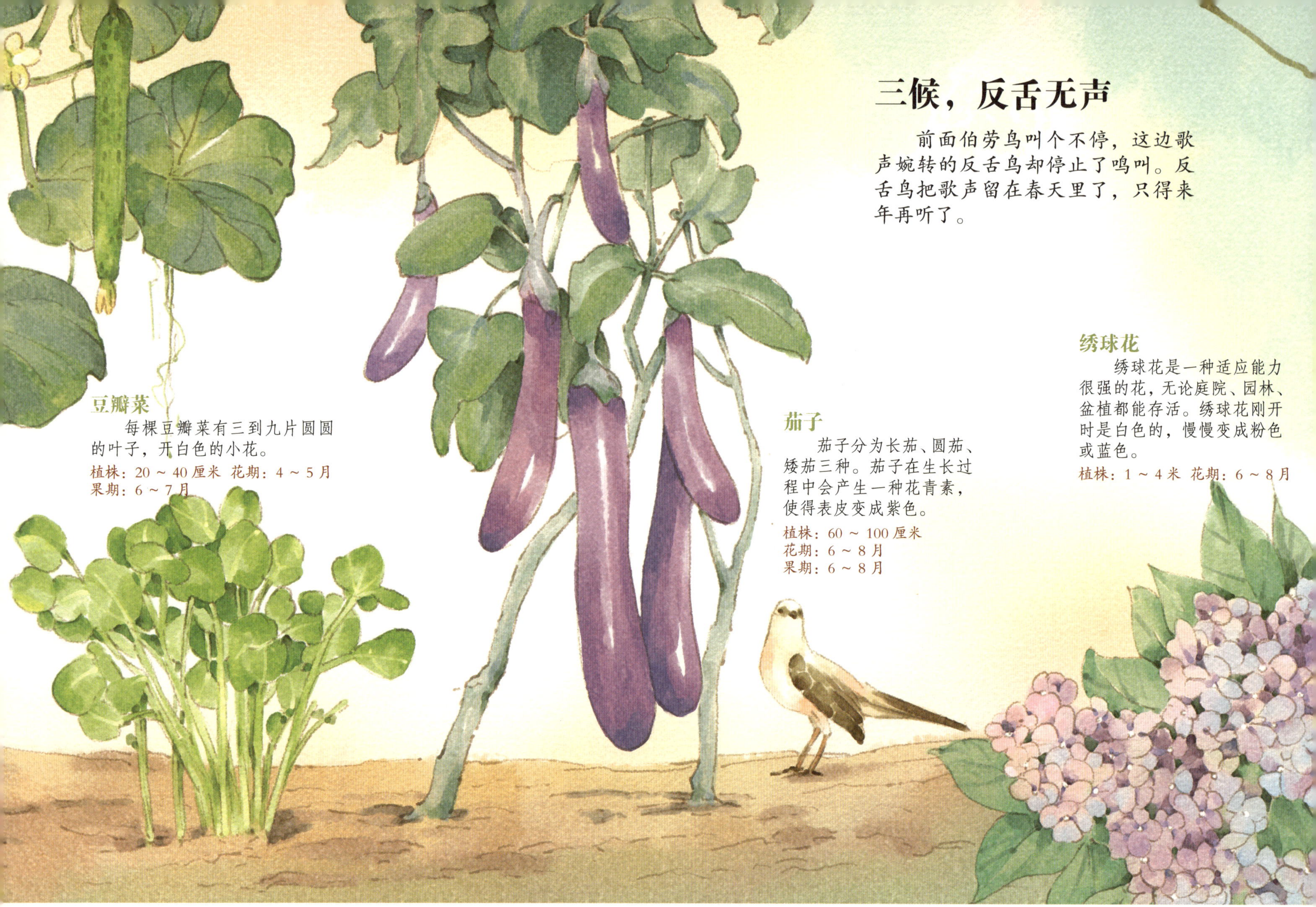

三候，反舌无声

前面伯劳鸟叫个不停，这边歌声婉转的反舌鸟却停止了鸣叫。反舌鸟把歌声留在春天里了，只得来年再听了。

豆瓣菜

每棵豆瓣菜有三到九片圆圆的叶子，开白色的小花。

植株：20 ~ 40 厘米　花期：4 ~ 5 月
果期：6 ~ 7 月

茄子

茄子分为长茄、圆茄、矮茄三种。茄子在生长过程中会产生一种花青素，使得表皮变成紫色。

植株：60 ~ 100 厘米
花期：6 ~ 8 月
果期：6 ~ 8 月

绣球花

绣球花是一种适应能力很强的花，无论庭院、园林、盆植都能存活。绣球花刚开时是白色的，慢慢变成粉色或蓝色。

植株：1 ~ 4 米　花期：6 ~ 8 月

找一找豆瓣菜在哪里？

数一数画面中有几个茄子？

比一比，黄瓜和茄子在外形和颜色上有什么不同？

画面中的反舌鸟在唱歌吗？

传统习俗

包粽子

包粽子是端午节的一种传统风俗。南方和北方包粽子的方法、用料都有较大差异。

北京粽子是北方粽子的代表品种，个头较大，形状为斜四角形或三角形，粽子的粽子叶一般是苇叶。食材大多是选用糯米，以红枣、豆沙做馅，也有采用果脯为馅的。在一些农村中，很多人习惯吃大黄米粽，黏韧而清香，别具风味。

南方粽子分类较多，代表品种有青叶粽和什锦粽。青叶粽是南方最为传统的粽子，不添加馅料，突出粽叶和糯米的清香，配以炒熟的黄豆、花生、芝麻粉末等蘸料一起食用。什锦粽，个头较小，外形多变，内馅多样化，除鲜肉粽、豆沙粽、蛋黄粽外，还有以鸡肉丁、鸭肉丁、叉烧肉为馅料的什锦粽。

送花神

芒种送花神，已经有上千年的历史，南朝崔灵思的《三礼义宗》中就有“芒种节举行祭饯花神之会”的记载。送花神与农历二月十二“百花生日”的迎花神相对应，一迎一送，反映出我国先民对大自然的敬畏。芒种时节，百花凋零、花谢花飞，在这一天举行送花神的仪式，为花神饯行，充分表达人们对花神带给人间美好生活的感谢。

有关送花神的方式，《红楼梦》中是这样描述的：那些女孩子们，或用花瓣柳枝编成轿马的，或用绫锦纱罗叠成干旄旌幢的，都用彩线系了。每一棵树每一枝花上，都系了这些物事。满园里绣带飘摇，花枝招展……

煮梅

芒种时节，煮梅是我国东南沿海地区一种古老的风俗，并且，在华南地区甚至华中地区也有一定的流行。煮梅是将梅子和冰糖一起煮，有的人会在梅子中放入盐，煮梅是为了去掉梅子的酸涩，让梅子的口感更好。《三国演义》中有青梅煮酒的故事，这是煮梅的另一种形式。

青梅可以制酒，将采摘的青梅清洗后，晾干，芒种时节把青梅泡在米酒或黄酒里，加入适量冰糖，泡上一个月即成青梅酒。

芒种与诗

送杨山人归嵩山

唐 / 李白

我有万古宅，嵩阳玉女峰。
长留一片月，挂在东溪松。
尔去掇仙草，菖蒲花紫茸。
岁晚或相访，青天骑白龙。

译文：

我有一处万古不坏的“古宅”，就是嵩山南部的玉女峰。

皎洁的明月挂在东溪松间的美丽景象，会永远留在我的心头。

如今你要去那里采仙草，定会看到那漫山遍野开着紫花的菖蒲。

年底时，我或许去探访你，到那时，也许你会在青天上骑着- 条白龙来迎接我。

芒种后经旬无日不雨偶得长句

宋 / 陆游

芒种初过雨及时，纱厨睡起角巾攲。
痴云不散常遮塔，野水无声自入池。
绿树晚凉鸠语闹，画梁昼寂燕归迟。
闲身自喜浑无事，衣覆熏笼独诵诗。

译文：

芒种刚刚过去，及时雨就来了。纱帐下睡起，头上的方巾也似歪斜。

云儿痴情，终日不散，常常遮在塔上方。流水有意，寂寂无声，悄悄流入小池塘里。

傍晚，郁郁葱葱的树下略有凉意，鸟儿叽叽喳喳地叫闹着。白天，房梁上寂静无声，燕子很晚才回来。

我这个大闲人，暗自庆幸无事牵绊，衣服搭在熏笼边，独自在诵诗。

夏至

夏至，二十四节气中的第十个节气，每年的公历 6 月 21 ~ 22 日之间交节。它是最早被确定的节气，宣告炎热的夏天来临了。

夏至之日，北半球白天最长，夜晚最亮。这一天，北半球的人们离太阳最近。在晴朗的夜晚，人们能看到天空中明亮的星星。天空中，星光闪闪；花园里，花香弥漫；院子里，欢声笑语，描绘出夏天最美的画卷。

谚语

- 吃了夏至面，一天短一线。
- 夏至一场雨，一滴值千金。
- 夏至有雨，仓里有米。

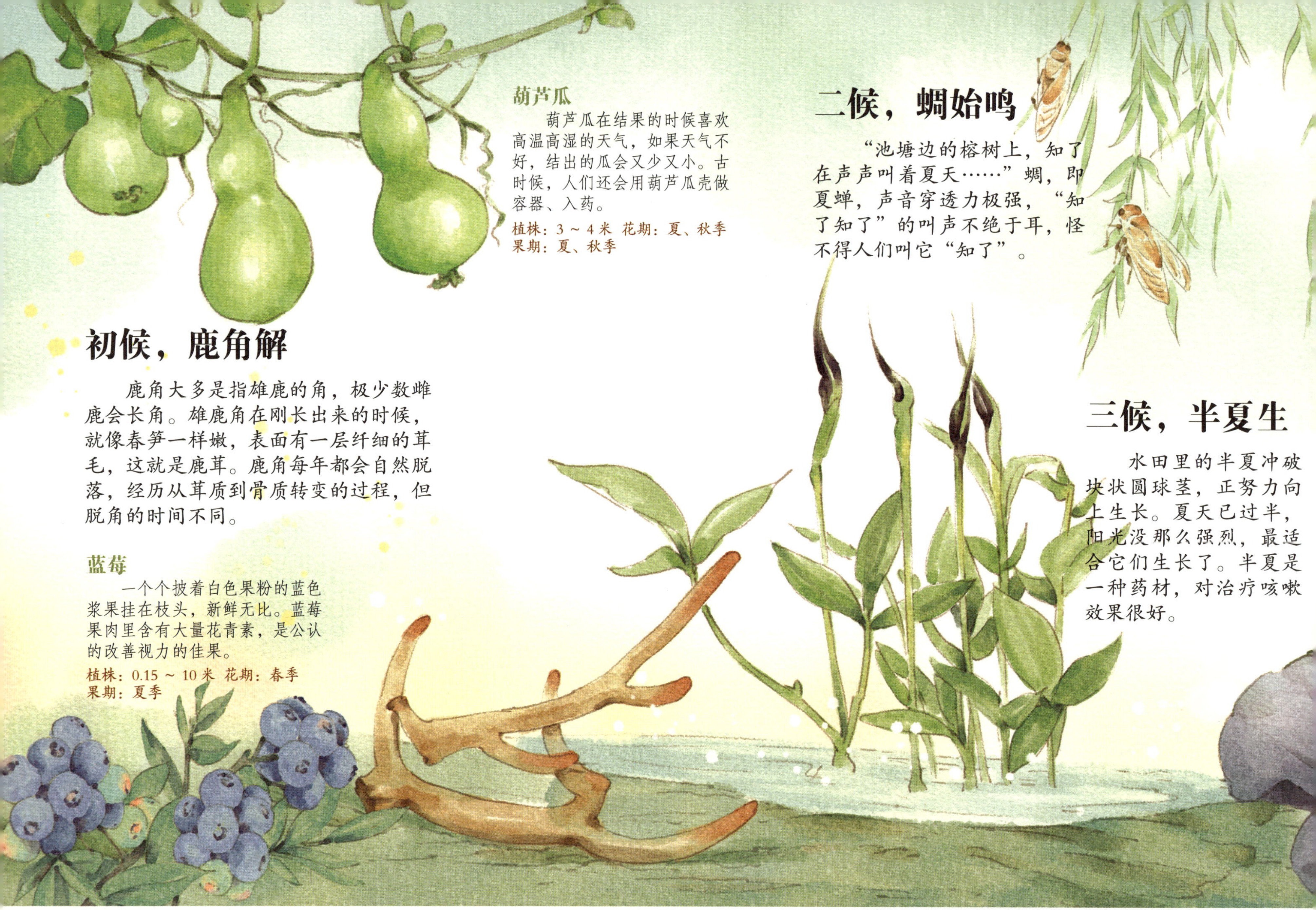

初候，鹿角解

鹿角大多是指雄鹿的角，极少数雌鹿会长角。雄鹿角在刚长出来的时候，就像春笋一样嫩，表面有一层纤细的茸毛，这就是鹿茸。鹿角每年都会自然脱落，经历从茸质到骨质转变的过程，但脱角的时间不同。

葫芦瓜

葫芦瓜在结果的时候喜欢高温高湿的天气，如果天气不好，结出的瓜会又少又小。古时候，人们还会用葫芦瓜壳做容器、入药。

植株：3 ~ 4 米 花期：夏、秋季
果期：夏、秋季

蓝莓

一个个披着白色果粉的蓝色浆果挂在枝头，新鲜无比。蓝莓果肉里含有大量花青素，是公认的改善视力的佳果。

植株：0.15 ~ 10 米 花期：春季
果期：夏季

二候，蜩始鸣

“池塘边的榕树上，知了在声声叫着夏天……”蜩，即夏蝉，声音穿透力极强，“知了知了”的叫声不绝于耳，怪不得人们叫它“知了”。

三候，半夏生

水田里的半夏冲破块状圆球茎，正努力向上生长。夏天已过半，阳光没那么强烈，最适合它们生长了。半夏是一种药材，对治疗咳嗽效果很好。

找一找可以做成药材的两种植物在哪里？

数一数画面中有几个葫芦瓜？

本页哪种植物可以做成容器呢？

夏至到了，蝉开始“知了知了”地叫，猜一猜会叫的蝉是雄蝉还是雌蝉？

红辣椒

红辣椒吃在嘴里火辣辣的，是因为它身体里含有辣椒素。别以为红辣椒只能当调味品，它可是咳嗽细菌的克星。

植株：60 厘米　花期：6 ~ 9 月
果期：夏、秋季

昙花

昙花只在晚上绽放两个小时左右，花期非常短暂。因为它开花时需要大量水分，而体内储存的水量有限，选择夜晚绽放可以避开太阳，减少水分蒸发，让生命更长久。

植株：2 ~ 6 米　花期：夏季

紫甘蓝

紫甘蓝是结球甘蓝家族中的一员。它的叶片一层一层包裹得特别紧实，叶子表面有蜡粉，不怕长途跋涉，不易被虫子咬。

植株：50 厘米　花期：夏季
果期：夏、秋季

找一找脱落的鹿角在哪里？

画面中哪些植物是蔬菜呢？

紫甘蓝的叶子是紫色。想一想，你还见过哪些紫色蔬菜？

辣椒可以做调味品。在立夏节气里我们也见过可以作为调味品的植物，还记得是什么吗？

凌霄花

凌霄花的花语是慈爱，特别适合送给妈妈。

植株：10 米　花期：7 ~ 9 月
果期：10 ~ 11 月

山竹

山竹是热带水果家族中的一员。山竹的植株能活到 70 岁左右。要等它长到 7、8 岁才能吃到它的果子。

植株：12 ~ 20 米　花期：夏、秋季
果期：夏、秋季

生姜

生姜是烹饪的百搭调味品，不论蔬菜、肉类都能完美匹配。

植株：30 ~ 50 厘米
成熟期：秋季

圆白菜

圆白菜，也称甘蓝。叶子表面有一层蜡粉，在底部层层抱团生长，包裹成球形。

植株：20 ~ 40 厘米　花期：春季
果期：夏季

南瓜

南瓜从明代就来中国了，它们对环境要求不高，我国南北各地都能种植。南瓜果实饱腹感很强，可以代替主食。

植株：2 ~ 5 米　花期：6 ~ 9 月
果期：6 ~ 11 月

找一找生姜在哪里？

数一数树枝上有几个山竹？

圆白菜和紫甘蓝在外观上有什么相同？有什么不同？

想一想像南瓜一样，名字里带“瓜”的植物还有哪些？

传统习俗

夏至面

中国民间有“冬至饺子，夏至面”的说法，夏至吃面是很多地区的重要风俗。我国南北方的吃面形式多种多样：南方有阳春面、干汤面、肉丝面、三鲜面、过桥面及麻油凉拌面等；北方有打卤面和炸酱面等。

夏至吃面是表示炎热的夏天到来，人们开始改变饮食习惯，以热量低、制作简单、凉冷的食物为主食，面条自然成为首选。所以，夏至面也叫做“入伏面”。

另外，夏至前后是麦子丰收、新面粉上市的时候，夏至吃面也有庆祝丰收、品尝新麦的意思。

祭土地神

土地神又称“福德正神”“土地公公”“土地公”“土地爷”“土正”“社神”“土伯”。传说他是掌管一方土地的神仙，住在地下，是神仙中级别最低的神仙。从前，在我国各地都有石砌或木建的土地庙供奉土地神，雕塑的土地神千姿百态，各不相同。

夏至祭土地神，又叫“祭地大典”，在我国已经有几千年的历史。据《礼记·月令》记载，在周朝，夏至是祭地的正祭，每年夏至日祭典在国都北郊水泽之中的方丘上举行。在传统文化中，祭祀土地神，有祈福、保平安、保收成之意，寄托了中国劳动人民一种祛邪、避灾、祈福的美好愿望。

消夏避暑

夏季到来，天气炎热，针对夏季的消夏避暑活动，我们的先人很久以前就研究了很多办法。据《诗经》记载，周朝时，皇家贵族会在冬季贮冰，到夏季拿出来食用，这就是冰的“冬藏夏用”，帮助人们“消夏避伏”。这种活动历朝沿用，进而成为风俗。到了清代，有人在冬季贮冰，到了夏季沿街叫卖，称为“凉冰”，再添加杨梅、桃子、花红等，制成“冰杨梅”“冰桃子”供人食用避暑。

随着现代科技的发展，空调创建的纳凉环境更为舒适，冰箱储存、制作凉食更为方便。现在，瓜果品类也更加丰富，像西瓜这样消夏避暑的瓜果更是供应充足。

夏至与诗

夏至避暑北池

唐 / 韦应物

昼晷已云极，宵漏自此长。
未及施政教，所忧变炎凉。
公门日多暇，是月农稍忙。
高居念田里，苦热安可当。
亭午息群物，独游爱方塘。
门闭阴寂寂，城高树苍苍。
绿筠尚含粉，圆荷始散芳。
于焉洒烦抱，可以对华觞。

译文：

夏至这天，白昼的时间达到极限，自此之后，夜晚的时间开始变长。

还没来得及实施自己的各项计划，已经开始为季节交替、冷热变换而担忧。

平日里公务不多，但这个月的农事比较繁忙。

我这个当官的，还惦念着田里的农民，外面的酷热不知他们如何抵挡。

中午，众人和花鸟鱼虫都已歇息，只有我喜欢在池塘边游玩。

城门紧闭，阴凉静寂；城墙高耸，树木苍翠。

嫩绿的竹子还带着些粉色，圆圆的荷花已经开始散发清香。

在这里可以忘掉那些烦恼，拿起华丽的酒杯畅饮一番。

咏凌霄花

宋 / 贾昌朝

披云似有凌霄志，向日宁无捧日心。
珍重青松好依托，直从平地起千寻。

译文：

攀爬且盛开在悬崖，仿佛身披彩云的凌霄花，看起来志存高远。虽然都向着太阳开放，但它却没有半点奉承之心。

凌霄花清楚，自己要依附青松等植物才能拔地而起，升至极高，因此它对这些植物充满感激之情。

小暑

小暑，二十四节气中的第十一个节气，每年的公历7月6～8日之间交节，气温节节攀升，滚滚热浪来袭。

清晨，叽叽喳喳的小鸟吵醒了睡梦中的孩子，他们趁着假期，背上画板，到荷花池写生去喽！

“小暑大暑，上蒸下煮。”调皮的夏天派小暑来告诉人们，最热的天气要来了，提醒大家做好防暑准备，出门穿上防晒衣，带上遮阳伞，及时补充水哦！

谚语

- 小暑过，一日热三分。
- 小暑小禾黄。
- 小暑不见日头，大暑晒开石头。

初候，温风至

夏日里，打开窗子，一阵热风“呼——”地冲进屋子，感受不到一丝凉意。这种天气除了出去晒被子、晒衣服，就只想在屋里吹着空调，吃着西瓜。

萱草

萱草是中国的母亲花，朝开暮落，模样似百合，但没什么香味。

植株：30 ~ 60 厘米
花期：夏季
果期：夏季

荷花

粉色的荷花从水中伸出盛开。结出的莲蓬每一个孔里都住着一个白白胖胖的莲子。

植株：1 ~ 2 米　花期：夏季
果期：秋季

二候，蟋蟀居壁

蟋蟀喜欢把家安在石头下、土穴中、草丛间。蟋蟀性格孤僻，不喜欢集体生活。每年这个时候，它们为了躲避炎热，会把家搬到房檐下。

找一找荷花在哪里？

数一数画面中有几只蟋蟀？

说一说空中的三只鹰在做什么？

萱草是一种花，但名字里不带“花”这个字，睡莲也是如此。还有哪些花的名字里不带“花”？

三候，鹰始挚

被炙烤的滚烫的大地冒着热气，老鹰决定带孩子们到更凉快的高空练习捕食。如果这时候不能掌握这项技能，孩子们将来怎么生存下来啊！

桃子

桃子是中国土生土长的水果。桃子家族庞大，有蟠桃、油桃、毛桃等。

植株：3 ~ 8 米　花期：3 ~ 5 月
果期：7 ~ 9 月

绿豆

绿豆肚皮中间有一道深褐色的种脐，剥开外衣，是两片嫩黄色的子叶。绿豆可以泡发成豆芽。

植株：20 ~ 60 厘米　花期：初夏
果期：6 ~ 8 月

冬瓜

冬瓜的皮上有细密的硬毛和白霜，很像冬天的雪霜，让人误以为它是在冬天结果的。

花期：夏、秋季　果期：夏、秋季

西葫芦

西葫芦长着三角状的大叶子，开小黄花。西葫芦体内没有脂肪，但含钙量高。

花期：夏、秋季　果期：夏、秋季

数一数地上有几个冬瓜？几个西葫芦？

画面中可以看到哪几种蔬菜？

冬瓜在夏季和秋季开花结果，但它为什么叫“冬瓜”呢？

绿豆可以加工成什么菜肴或点心呢？

杨梅

杨梅的果肉就是它的外果皮，很容易被果蝇等小虫子盯上，成为它们的大餐。

植株：约 15 米 花期：4 月
果期：6 ~ 7 月

百合花

百合花的鳞茎像莲花，由白色鳞片一层层环抱而成，因此取“百年好合”的寓意命名为“百合”。

植株：50 ~ 100 厘米
花期：7 月

木槿花

木槿花，又叫朝开暮落花。阳光下，淡红色的木槿花温柔地绽放着，到了夜晚，就会闭合休息。

植株：3 米 花期：夏季
果期：秋季

玉米

玉米在粮食家族排名第三。玉米，浑身都是宝，可榨油、做成淀粉等。玉米须又叫“龙须”。

植株：1.5 ~ 2.5 米
花期：7 ~ 8 月
果期：8 ~ 9 月

马铃薯

马铃薯，俗称土豆，在粮食作物家族排名第四。它的块茎含有大量淀粉，可做主食。

植株：60 ~ 100 厘米 花期：5 ~ 6 月
果期：7 ~ 9 月

找一找小老鼠在哪里？

画面中的植物哪些是花？哪些是粮食作物？

你吃过杨梅吗？试着说说杨梅的味道吧！

马铃薯和土豆是同一种食物吗？

传统习俗

晒伏

夏天不仅气温高，而且降雨量大。在此环境下，家中的棉衣、被褥等容易因潮而发霉，因此，在传统风俗中，小暑时节家家户户会“晒伏”。

人们会把自家箱柜翻腾一遍，冬天用的被褥、大衣、棉袄、棉鞋、围巾、秋衣、秋裤……将所有能找到的衣物统统拿到烈日下暴晒。古代，在这个时节，户外的晾衣绳上、架子上、凳子上、石磨上、柴垛上等能晒东西的地方，都摆满或挂满了衣服和被褥。晒伏可以驱走藏在衣物中的潮气和霉味，起到消毒杀菌作用，并且可以避免虫蛀。

食新

小暑“食新”是我国民间常见的风俗之一，南北方食新的形式各有特色。南方食新是把收获的稻谷加工成大米，做成米饭，大家一起食用；北方食新是把新收获的小麦磨成面粉，做成面食，大家一起品尝享用。同时，人们还会尝新酒。食新活动体现了人们面对丰收的喜悦，以及对粮食的珍爱和珍惜。

有些少数民族地区，会举办关于食新的“尝新节”，又称“新米节”“食新米节”“献新米节”，举办时间一般是在谷物成熟时，用新收获的新米孝敬老人，招待亲友或客人。有些地方还组织活动，载歌载舞，庆祝丰收。

吃饺子

我国北方有“头伏饺子，二伏面，三伏烙饼摊鸡蛋”的说法。头伏吃饺子是北方人的传统风俗。伏天人们容易食欲不振，饺子有肉有菜，营养丰富，男女老少都喜欢，是开胃解馋的理想食物。

饺子分为素馅和肉馅，一般人们会选择肉馅，把三分肥七分瘦的猪肉剁成肉馅，再配一两种自己喜欢的夏季时令蔬菜，如韭菜、西葫芦、大葱、茴香苗、香菇、口蘑等，调制成馅；再用新麦面粉擀制的饺子皮，一个一个捏制出来。煮好后，配一碟蘸料，边蘸边吃，鲜香可口。

小暑与诗

咏槿
唐 / 李白

园花笑芳年，池草艳春色。
犹不如槿花，婵娟玉阶侧。
芬荣何夭促，零落在瞬息。
岂若琼树枝，终岁长翕赩。

译文：

园中百花在美好的年华妩媚微笑，池中百草在春色中更显艳丽夺目。

但这些都比不上木槿花，在洁白的台阶旁静静绽放惹人怜。

花草的繁茂消失得很快，转眼之间便凋零入土。

哪里像这高贵的木槿花，一年四季都开放得美丽绚烂。

小暑六月节
唐 / 元稹

倏忽温风至，因循小暑来。
竹喧先觉雨，山暗已闻雷。
户牖深青霭，阶庭长绿苔。
鹰鹯新习学，蟋蟀莫相催。

译文：

暖风突然降临，原来是追着小暑而来。

竹林喧哗，首先觉出了雨的气息。山间变得昏暗，已经听到了雷鸣。

空气湿润，门庭上方好像被青烟环绕，台阶上也结了一层厚厚的青苔。

天上的鹰鹯已经开始练习捕猎，蟋蟀还未长大，暂时不要去催促它们。

大暑

大暑，二十四节气中的第十二个节气，每年的公历7月22～24日之间交节，难挨的桑拿天如期而至。

“冷在三九，热在三伏。”此时正值中伏前后，是一年中最热的时候。大雨和阳光交替值班，天气湿热交蒸，人们忙着乘凉，作物忙着生长。

谚语

- 大暑无酷热，五谷多不结。
- 大暑不浇苗，到老无好稻。
- 小暑雨如银，大暑雨如金。

初候，腐草为萤

萤火虫有的把家安在水中，有的安在陆地上。生活在陆地的萤火虫多半将卵产在枯草上，待大暑时节，一只只小萤火虫在枯草中出生了，于是就有萤火虫是腐草变成的说法。

蜀葵

蜀葵别名大蜀季，有紫、粉、红、白等色。它是山西省朔州市市花，当地人叫它“大花”。

植株：2 ~ 2.5 米 花期：5 ~ 8 月
果期：9 月

火龙果

火龙果是攀援植物，外表很像仙人掌。火龙果的果肉有白色和红色的，里面有好多芝麻状的种子，又叫芝麻果。

植株：7 米 花期：7 ~ 12 月
果期：7 ~ 12 月

凤仙花

凤仙花别名指甲花。将捣碎的凤仙花敷在指甲上，可以把指甲染成红色，非常漂亮。

植株：60 厘米 花期：6 ~ 9 月
果期：8 ~ 9 月

有一只萤火虫躲起来了，找一找，它在哪里？

数一数画面中有几个火龙果？有几个西瓜？

画面中的哪些植物是花？

比一比蜀葵和凤仙花谁的花朵更大？

葡萄

在我国，属新疆吐鲁番的葡萄最有名，那里阳光热烈，昼夜温差大，又是沙壤土，最适合葡萄生长。

植株：10 米 花期：5 ~ 6 月
果期：8 ~ 11 月

李子

在山坡上、山谷中、路旁都能看到李子树，它们适应能力强，只要土层够深就能生长，唯独害怕积水。

植株：10 米 花期：4 月
果期：6 ~ 9 月

青苹果

青苹果是苹果家族中的一员，因颜色而得名。青苹果幼嫩的叶子有茸毛，长成后就消失不见了。

植株：15 米 花期：5 月 果期：7 ~ 10 月

二候，土润溽暑

大暑时节，雨热同季，天气闷热，土地潮湿，让人仿佛置身于水深火热中，人们把这种天气形象地称为“桑拿天”。

红柿子椒

红柿子椒是青椒的一种。它含有大量维生素、胡萝卜素等营养成分，足够入选蔬菜最佳配角。

植株：60 厘米 花期：4 ~ 8 月
果期：7 ~ 11 月

西瓜

西瓜是夏天消暑的必备水果。西瓜籽可当零食，西瓜皮可入药。

花期：6 ~ 7 月 果期：7 ~ 8 月

找一找红柿子椒在哪里？一共有几个？

数一数画面中有几种水果？

找一找木耳在哪里？它是什么颜色？

长大后的萤火虫只吃露水和花蜜。想一想西瓜叶上的萤火虫在做什么呢？

三候，大雨时行

这种潮湿的天气使水汽凝聚得更快，一场滂沱大雨说下就下，庆幸的是它赶跑了暑热，带来了短暂的凉爽。几场大雨过后，天气开始向凉爽过渡。

黑木耳

黑木耳被誉为“素中之肉”。中国是黑木耳的故乡，《礼记》中就已有食用黑木耳的记载。

成熟期：夏、秋季

龙眼

龙眼生活在温暖湿润的地方。龙眼晒成干，就成了桂圆。

植株：10 余米　花期：春、夏季
果期：夏季

丝瓜

熟透的丝瓜经过干燥处理，肉嘟嘟的果肉变成网状纤维，可以代替海绵清洗碗筷。

花期：夏、秋季　果期：夏、秋季

绿豆芽

一根根嫩白的绿豆芽从豆壳里探出头，迅速生长，在这过程中，维生素 C 的含量也会大量增加。

胚茎：5 ~ 6 厘米　成熟期：四季

香瓜

香瓜，又叫甜瓜。香瓜喜欢住在气温高、温差大、阳光充足的地方。

花期：夏季　果期：夏季

栀子花

栀子花的花期能持续一两个月。栀子花的果实可以做绘画的涂料。

植株：1.2 米　花期：5 ~ 8 月
果期：9 ~ 10 月

找一找画面中有几种水果？

数一数画面中有几个丝瓜？

说一说龙眼吃起来是什么味道？

成熟的绿豆，浸泡一段时间后可以长出嫩芽，试着动手培育绿豆芽吧！

传统习俗

斗蟋蟀

斗蟋蟀，又称“秋兴”“斗促织”“斗蛐蛐”，是一种用蟋蟀相斗取乐的娱乐活动。斗蟋蟀，需要选取重量与大小相差不大的两只蟋蟀，然后用引草引斗，让它们互相较量，经过几次交锋后，败的退却，胜的张翅长鸣。

大暑是乡村田野蟋蟀最多的时节，也是斗蟋蟀的好时候。我国有些地区有大暑斗蟋蟀取乐的习俗。大人们会带着孩子到田野里寻找、捕捉蟋蟀，然后到大树下或其他阴凉地方，一起玩斗蟋蟀的游戏，非常有趣。

饮伏茶

饮伏茶，就是三伏天喝茶。伏茶主要是由中草药煮成茶水，常用的中草药有大荷叶、淡竹叶、鱼腥草、白茅根、金银花、夏枯草、甘草等。饮用伏茶，有清凉祛暑的作用。

煮伏茶、喝伏茶的民间文化相沿成俗，代代相传。从前，有善心的人会将“伏茶”摆在寺院门口或街市路旁，供人饮用，以解苦力、车夫、路人之渴。现在，还可以在新闻报道中看到南方一些地区仍然有义务烧茶的伏茶摊点，一杯茶传递着烧茶人的热心和邻里温情。

喝羊汤

大暑，正值三伏天，在我国很多地区有三伏天“喝羊汤”的风俗，比如鲁西南、苏北、皖北、豫东等地区。在民间一直流传着“伏羊一碗汤，不用神医开药方”“大暑吃羊肉汤，冬天不用穿绒衫”的说法。

三伏天，人体内积热，做碗羊汤，加点盐、胡椒粉等作料，喝后全身大汗淋漓，带走五脏积热，排出体内毒素，对身体健康大有益处。大暑喝羊汤虽然有很多益处，但对于体质偏热的人来说并不适宜，若有发热、高血压、上火牙痛、糖尿病等症状尽量少喝或不喝羊汤。

大暑与诗

蜀葵花歌

唐 / 岑参

昨日一花开，今日一花开。
今日花正好，昨日花已老。
始知人老不如花，可惜落花君莫扫。
人生不得长少年，莫惜床头沽酒钱。
请君有钱向酒家，君不见，蜀葵花。

译文：

昨日一朵蜀葵花开，今日一朵蜀葵花开。

今天的花正娇艳，昨天的花已色衰。

看过这些才知道，人的老去比花儿的凋零还要快。看看那些地上的落花，满心感慨，希望你们先不要清扫去。

人生不会永远是少年，别怜惜那些床头的买酒钱。

今朝有酒今朝醉，去酒家喝一杯吧，难道你没有看见那些瞬间零落的蜀葵花吗？

和王定国二首其一

宋 / 晁补之

可怜好月如好人，我欲招之入窗户。
人言明日当大暑，君看繁星如万炷。
想君映月读书时，清似列仙臞不肥。
我正甘眠愁日出，朝骑一马暮还归。

译文：

看着一轮明月，如同一位好友，真想把它招入窗内叙叙旧。

别人说明天就是大暑了，你看这满天的繁星，如同万根明烛。

想起你当年在月下读书的样子，模样清瘦得好像仙人。

我正酣睡中，却也在发愁天一亮就要骑马出发，傍晚才会回来。

走迷宫：小老鼠在找食物，按照夏天节气顺序走一走，走到终点帮它找到食物吧！

起点 ⇨	立夏	大暑	芒种	小暑	
	小满	芒种	夏至	立夏	
	夏至	小满	小暑	大暑	⇨ 终点

找一找：请你找出下图中与物候对应错误的图片，并说一说这张图片对应的应该是什么物候？

立夏三候，王瓜生

小满二候，靡草死

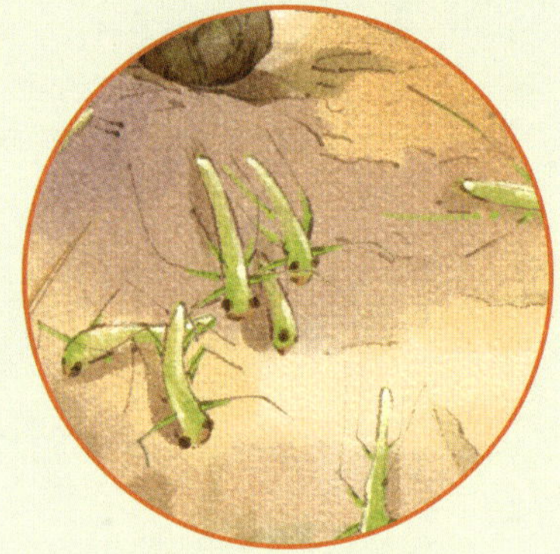

芒种初候，螳螂生

夏至初候，鹿角解

小暑初候，温风至

大暑初候，腐草为萤

归归类：仔细观察上下两排中的植物有什么特点，把相同类别的植物连在一起吧！

找一找：帮助花朵找到它们的影子吧！

越玩越聪明

藏在24节气里的秘密④

冬

思维牧场／编
罗悦　潘忠英／图

天津出版传媒集团
天津人民美術出版社

二十四节气是什么?

二十四节气，是中国传统历法农历中表示季节变迁的 24 个特定节令。

古时候，人们在高大的土堆上竖起长竿，长竿在太阳的映照下投下影子。古人每天观察记录竿影的长短和角度的变化，慢慢总结出了天象的周期。

古人根据太阳在黄道的位置变化规律，总结制定了二十四节气。黄道是什么呢？地球绕太阳公转一圈，这个运行轨迹就是黄道。太阳从春分点出发，每前进 15° 为一个节气，运行一周后又回到春分，总共 360° 。

节气在现行的公历中时间交替节点略有不同，上半年在 6 日、21 日，下半年在 8 日、23 日，前后相差 1~2 天。

两千多年来，二十四节气在指导人们的农业生产和日常生活方面发挥了重要作用。在国际气象界，二十四节气被誉为“中国的第五大发明”。2016 年，“二十四节气”被正式列入联合国教科文组织人类非物质文化遗产代表作名录。

二十四节气是中国传统文化的重要组成部分，跟着二十四节气了解自然变化规律，可以帮助孩子理解事物变化的内在联系，启发孩子积极探索大自然的无穷奥秘。

七十二候是什么?

七十二候，是我国古代用来指导农事活动的历法补充。

古代的人们根据黄河流域的地理、气候和自然界的一些景象编写了七十二候。每五日为候，每个节气可分为三候，一年二十四节气划分为七十二候。

七十二候的“候”可分为两类，一是生物候，例如蚯蚓出、寒蝉鸣、桃始华、萍始生等；二是非生物候，例如雷乃发声、土润溽暑、水始冰等。

七十二候是中国古人在季节变化中，细致观察生物生长和环境变化规律的智慧结晶。理解七十二候，可以帮助孩子体验节气变化的奇妙，感受传统文化的巨大魅力。

节气歌

春雨惊春清谷天，
夏满芒夏暑相连，
秋处露秋寒霜降，
冬雪雪冬小大寒。
上半年逢六、廿一，
下半年逢八、廿三，
每月两节不变更，
最多相差一两天。

冬

立冬 公历 11 月 7 ~ 8 日之间交节

初候，水始冰
二候，地始冻
三候，雉入大水为蜃

小雪 公历 11 月 22 ~ 23 日之间交节

初候，虹藏不见
二候，天气上升，地气下降
三候，闭塞而成冬

大雪 公历 12 月 6 ~ 8 日之间交节

初候，鹖旦不鸣
二候，虎始交
三候，荔挺出

冬至 公历 12 月 21 ~ 23 日之间交节

初候，蚯蚓结
二候，麋角解
三候，水泉动

小寒 公历 1 月 5 ~ 7 日之间交节

初候，雁北乡
二候，鹊始巢
三候，雉始雊

大寒 公历 1 月 19 ~ 21 日之间交节

初候，鸡乳
二候，征鸟厉疾
三候，水泽腹坚

立冬

立冬，二十四节气中的第十九个节气，每年的公历 11 月 7 ~ 8 日之间交节。季节更替，冬天自此开始。

寒风送别了最后几片叶子，就剩下光秃秃的树枝了。白天越来越短，夜晚越来越长。秋收冬藏，天地万物仿佛静止了。冬日进补正当时，屋子里，一家人围坐在一起，吃着热腾腾的火锅。既可抵御寒冷的天气，又可补充营养，增强体质。

谚语

- 立冬有雨防烂冬，立冬无雨防春旱。
- 立冬之日起大雾，冬水田里点萝卜。
- 立冬那天冷，一年冷气多。

初候，水始冰

立冬过后，天气寒冷，北方的气温已降到零摄氏度以下，院外的小河已经开始结冰了。

二候，地始冻

因为天气寒冷，土壤中的水分开始凝冻，连带着土壤也变硬了。

红心萝卜

红心萝卜，它的根皮为白、粉红、青绿等色，内里为紫红色，口感脆甜，含有大量维生素和膳食纤维，营养价值高。

植株：20 ~ 100 厘米　花期：秋季
果期：秋、冬季

想一想我们在秋的哪个节气里介绍过红萝卜的“兄弟”——白萝卜？

红心萝卜是根据它的什么特点命名的？

三候，雉入大水为蜃

这个时间有很多动物开始冬眠了，古时候，人们在冬天看不到野鸡的踪迹，恰巧在海边发现外壳与野鸡颜色相似的大蛤蜊，就以为野鸡变成大蛤蜊了。

紫苤蓝

紫苤蓝不怕热不怕冷，在我国南方可以四季露地种植。它的茎清脆爽口，可凉拌，也可腌制。

植株：30 ~ 60 厘米

找一找荸荠在哪里？

冬天来了，你穿的衣服是厚了还是薄了？

冬天来了，屋外的植物有什么变化？

青枣

青枣树能耐高温和低温，多种在阳光充足、排水好的地方。成熟的青枣个儿不大，脆嫩多汁，体内藏着大量维生素。

花期：8 月 果期：11 月至翌年 2 月

白菜

农谚说：“立冬不砍菜，必定受灾害。”立冬白菜生长快速，正在拼命抱芯。这时采摘的白菜水分特别足，要晾晒几天才容易存放。

植株：40 ~ 60 厘米

成熟期：四季

荸荠

荸荠，又叫马蹄，生长在水田或沼泽地带。荸荠穿着紫黑衣裳，肉质洁白，被誉为“地下雪梨”。

植株：50 ~ 90 厘米 花期：7 ~ 10 月

果期：秋季

冬笋

立冬前后，藏在泥土里面的冬笋宝宝长大了。冬笋是毛竹的地下茎，它比春笋、夏笋更有营养，炖汤、爆炒都可以。

成熟期：10 月至翌年 2 月

冬菇

冬菇含有丰富的蛋白质和微量元素，可以预防感冒，降低胆固醇。将冬菇做成干冬菇，再泡发做菜，会有一种独特的香味。

成熟期：春、秋季

数一数地上有几根冬笋、几个冬菇？

画面中，哪些植物是水果？

想一想我们在秋的哪个节气里介绍过青枣的“朋友”——冬枣？

传统习俗

补冬

俗话说“三九补一冬，来年无病痛”，补冬是指选择在冬天对身体“进补”的活动，是流行于我国各地的节日饮食习俗。中国民间以立冬为进入寒冷季节的开始，人们在这个时节选择可以驱寒的食物，补充营养，增强体质。进补的食物有猪、牛、羊、兔、鸡、鸭、鹅等肉类，或各类水产品，因地区而略有差异。在食物加工过程中，人们还会添加当归、人参等药材。有些地区会用糯米、龙眼、糖等蒸成米糕，或制作馄饨。在福建部分地区，也有立冬熬制草根汤的习俗。

祭祖

立冬是“四时八节”之一，在古代是个非常重要的节日，古人在这天要举行祭祖祭天的活动。天子会亲率群臣迎接冬气，民间则会准备丰富的供品祭祀祖先，告慰祖先，祈求来年风调雨顺，庄稼丰收。祭祀后的酒食还可以让辛苦一年的农民犒劳一下自己。如今我国部分地区仍保留了立冬祭祖的习俗，用时令佳品祭祀祖先，以尽子孙的义务和责任，祈求来年丰收。有些地区还会举行丰收联欢晚宴，或演戏谢神庆丰收。

吃饺子

在我国，许多节日都要吃饺子，立冬也有吃饺子的习俗。俗话说“立冬不端饺子碗，冻掉耳朵没人管”，因为饺子的形状像耳朵，人们认为立冬吃饺子，耳朵就不会受冻。其实是在冬天吃上一碗热乎的饺子，身体会感到温暖，自然不会冻耳朵了。

许多人吃饺子时喜欢搭配蘸料，不同地区的蘸料不同，比如东北地区吃饺子通常蘸酱油，搭配醋、蒜泥、香油、辣椒等；华北地区通常蘸醋，搭配香油、酱油、蒜泥、香菜等；西北地区主要蘸醋，搭配酱油、蒜瓣、辣椒；南方地区则蘸甜醋、白醋，搭配白糖和辣椒油。

立冬与诗

立冬
唐 / 李白

冻笔新诗懒写，
寒炉美酒时温。
醉看墨花月白，
恍疑雪满前村。

译文：

天寒地冻，笔下成霜，新诗也懒得创作。只愿守着火炉，时不时地温一下美酒，享受这屋内温暖的时光。

醉看自己的作品，再望窗外的明月，那满院白光，恍惚以为是大雪铺地。

立冬前一日霜对菊有感
宋 / 钱时

昨夜清霜冷絮裯，
纷纷红叶满阶头。
园林尽扫西风去，
惟有黄花不负秋。

译文：

昨天夜里下了清霜，躲在被衾中都感到寒冷，早晨起来，门前台阶落满了红叶。

花园里的草木在寒冷的西北风中逐渐凋零，只有那金菊凌霜绽放，不负秋光。

小雪

小雪，二十四节气中的第二十个节气，每年的公历 11 月 22 ~ 23 日之间交节。西北风起，小雪封地。

小雪刚过，雪花便踏着轻盈的舞步，来赴一场冬日盛宴。人们常说：“风后暖，雪后寒。”雪花飘过，寒风凛冽，气温骤降。为了防止果树冻伤，果农将树干包裹或者涂漆，人们纷纷把蔬菜送入地窖储存，腌制过冬的食物。

谚语

- 节到小雪天下雪。
- 小雪不起菜，就要受冻害。
- 小雪封地地不封，老汉继续把地耕。

初候，虹藏不见

到了小雪节气，降水越来越少了，天气变得异常干燥，太阳离我们越来越远，光照越来越弱，这样的天气条件难以让彩虹现身。

茶梅

冬日里，百花相继凋零，茶梅开得正好，红的、粉红的、白的，色彩多样。茶梅兼具茶花和梅花的美，故得此名。

植株：2～12 米 花期：11 月至翌年 3 月

茶梅的花朵是什么颜色？

猜一猜，下雪天，熊、鹿、兔子这些动物们去哪儿了？它们现在在做什么呢？

现在温室种花比较普遍，你见过哪些在冬天开放的花呢？

雪松

雪松四季常绿，针叶翠绿且坚硬，被誉为“风景树皇后”。雪松在10月开花，果实于第二年成熟，果实为红褐色。

植株：30米 花期：10～11月 果期：冬、春季

二候，天气上升地气下降

这时阳气上升，阴气下降，一升一降使得天地不通，造成阴阳失调，万物因此失去了生机，大地出现一片萧条的景象。

数一数画面中有几棵雪松？

说一说高高的雪松像什么？

雪松是四季常绿的树，即使是下雪天也不会枯萎落叶。想一想，还有哪些四季常绿的植物呢？

三候，闭塞而成冬

天空阴沉，大地上的草木都已经枯萎，河流结了冰，这番冬景满是闭塞感。

菠菜

菠菜的茎中间是空的，根带红色，叶子宽大。它被誉为“菜中之王”，富含大量钾，能够增强肌肉活力，经常吃菠菜力气会更大哦！

植株：50 厘米 花期：5 月
成熟期：四季

胡萝卜缨

胡萝卜缨是指胡萝卜的叶子。它的叶子里面藏着维生素 C、钙、铁、叶酸等，比根的营养价值高。

植株：60 厘米

胡萝卜缨是指胡萝卜的哪个部位？

菠菜和胡萝卜，谁的叶子更宽大？

数一数，地下正生长着几根胡萝卜？

传统习俗

打糍粑

在我国南方的一些地区，有农历十月吃糍粑的习俗。糍粑是用糯米蒸熟捣烂后所制成的一种食品。古时，糍粑是南方地区传统的节日祭品，农民用它来祭牛神。“十月朝，糍粑禄禄烧”，这句俗语指的就是用糍粑祭祀的活动。现在，糍粑已经成为非常受欢迎的小吃。

打糍粑是一个热闹的过程，一些人家在打糍粑时常常会邀请邻居们一起，两人你一下我一下，轮番捶打，还要有一人双手蘸上凉水，抓住捶打的空隙时间翻揉糍粑。打糍粑是个技术活，讲究快、准、稳、狠，这样糯米才能打得均匀，打得瓷实，黏糊糊的有韧性。

腌菜

“小雪大白菜入缸，大雪大白菜出缸。”旧时，为解决冬天蔬菜不够吃的问题，许多地方都会腌菜。入冬前后，人们就会准备好大白菜、萝卜、雪里蕻等蔬菜。腌菜时，把蔬菜洗净，控干水分，然后一层一层地放入大缸内，并逐层放盐，腌制 20 多天或一个月就可以吃了。腌菜味道独特，有助消化、消油腻、调节脾胃等作用。我国各地有名的传统蔬菜腌制品有上海雪里蕻、重庆涪陵榨菜、广东酸笋、云南大头菜、常州香甜萝卜干等。

小雪酒

浙江地区有在小雪当天酿酒的习俗，这种酒叫“小雪酒”。所谓“十月获稻，为此春酒，以介眉寿”，小雪酒的原料用的是当年收获的新粮，以庆祝丰收。小雪时，气温日趋降低，正是万物敛藏的时候，水非常清澈，用这时的水酿出来的酒，经过一个冬天的封藏，比其他季节酿的酒更清冽甘甜，香味更加浓郁。小雪过后，天气渐冷，少量饮酒可暖身暖胃，对健康有益处，但是切记未成年人不可饮酒哦！

小雪与诗

咏茶梅花

宋 / 刘仕亨

小院犹寒未暖时，海红花发昼迟迟。
半深半浅东风里，好似徐熙带雪枝。

译文：

小院里尚有寒意，茶梅花却一直绽放，久久不败。

风中摇曳的花朵，有的深红，有的浅粉，煞是美艳，就像徐熙画作中那些带雪的花枝。

小雪

唐 / 戴叔伦

花雪随风不厌看，更多还肯失林峦。
愁人正在书窗下，一片飞来一片寒。

译文：

雪花片片，随风飘扬，如诗如画，百看不厌。如若雪再大些，密林山峦也会隐于其中，消失不见。

满腹愁绪的我，正坐在书房窗下赏雪，一片雪花飞入，仿佛也带来一片寒意。

大雪

大雪，二十四节气中的第二十一个节气，每年的公历12月6~8日之间交节，降雪增多，地面可能会有积雪。

“白雪堆禾塘，明年谷满仓。”大雪时节，降温降雪增多，有利于农作物的生长。此时北方千里冰封、万里雪飘，南方地区会出现冻雨。

一场大雪过后，人们纷纷出门赏雪、堆雪人、打雪仗，玩得不亦乐乎。

谚语

- 大雪纷纷落，明年吃馍馍。
- 大雪三白，有益菜麦。
- 大雪下雪，来年雨不缺。

葡萄柚

葡萄柚是热带水果，深绿色的叶子又细又长，开四瓣白色的花，果实像一个黄橙色的扁皮球，味道酸酸的。

植株：6 ~ 15 米　花期：4 ~ 5 月
果期：冬季

初候，鹖旦不鸣

相传鹖旦就是寒号鸟。在寒冷的冬天，寒号鸟被冻得都不鸣叫了。其实寒号鸟不是鸟，而是一种鼠，它常把家安在高大的树木上或石穴中，白天休息，夜间外出觅食。

数一数树枝上有几个葡萄柚？

葡萄柚是一种热带水果，想一想，还有哪些水果属于热带水果呢？

画面中的老虎主要是什么颜色？

二候，虎始交

天气异常寒冷，天地间阴气到达顶峰，盛极而衰，此时阳气已经开始萌动。每年这个时候，阳气的代表——老虎开始求偶。

 找一找寒号鸟在哪里？

 想一想，冬天雪地上的老虎为什么不怕冷？

 说一说下雪时，你最喜欢的活动是什么？

三候，荔挺出

继老虎之后，荔挺也感受到了阳气的萌动，努力抽出新芽。荔挺是一种兰草，长得很像蒲草，花没有香味，独根，根部非常坚硬，可以制成刷子。

大葱

大葱多在北方种植，好成活，且不易被虫子咬，还特别好储存，是深受人们喜爱的调味品。

植株：30 ~ 70 厘米 花期：6 ~ 7 月

找一找荔挺在哪里？

数一数树干上有几只寒号鸟？

你喜欢吃大葱吗？大葱吃起来是什么味道？

传统习俗

腌腊肉

“小雪腌菜，大雪腌肉”，民间有在大雪节气腌肉的习俗。大雪时天气寒冷，空气湿度低，适合腌肉，不用担心肉会变质。大雪时腌肉，到新年前刚好腌制完成，可以当做年货用。最常见的腌肉就是熏制腊肉、制作腊肠、腌鸡、腌鱼、腌鸭等。

腌肉首先要将盐、八角、桂皮、花椒、白糖等入锅炒熟；待炒过的调料凉透后，在要腌制的肉上涂抹，反复揉搓；之后再把肉一层层放进缸内，倒入盐卤，盖上盖子，用石头压住，放在阴凉背光的地方。腌制半月后，可以翻一次缸，把上面的肉和下面的肉交换一下位置，再腌制几天后，把肉取出来挂在通风的地方晾干，就大功告成啦！

大雪进补

“冬天进补，开春打虎”，大雪是“进补”的好时节。大雪时，天气已经很冷了，此时进补能够提高人体的免疫力，使畏寒现象得到改善，还可以预防风寒等疾病。大雪进补的方法因人而异，不同的食材有不同的进补效果，比如红薯可以养胃，白萝卜可以促进消化、增强食欲、止咳化痰，枸杞可以补肝肾，红枣可以养胃、健脾、益血……根据自己身体的实际情况选择食材，进补效果会更好。大雪前后，柚子、橘子等水果也大量上市了，适当吃一些可以消痰止咳。

冰雪活动

到大雪节气，地面和屋顶通常已经积了厚厚的一层雪，和冰雪有关的各种活动也开始进行了，比如堆雪人、打雪仗、滑冰、滑雪等。旧时，人们喜欢在冻得厚厚的冰面上“打哧溜滑”，也叫“溜冰”，就是在不太滑的冰面上跑几步，然后双脚在冰道上一停，靠惯性滑出去。一些人还会自制溜冰车、溜冰鞋，使用一些滑冰用具，比直接用脚溜冰，有更多趣味。现在，人们通常在专业的溜冰场溜冰，比在河面上溜冰更加安全。

大雪与诗

新竹

清 / 郑燮

新竹高于旧竹枝，全凭老干为扶持。
下年再有新生者，十丈龙孙绕凤池。

译文：

新竹子能高于旧竹枝，全凭借老枝的扶持。

下一年若再有竹子生出，将会长得更挺拔，将这池塘满满围绕。

夜雪

唐 / 白居易

已讶衾枕冷，复见窗户明。
夜深知雪重，时闻折竹声。

译文：

先是惊讶于枕被的冰冷，又看到窗边亮如白昼。

夜深了才知道雪已下得很大，也时时能听到积雪压折竹子的声响。

冬至

冬至，二十四节气中的第二十二个节气，每年的公历12月21～23日之间交节。“三九天”强劲来袭，速冻模式开启。

转眼间又到了冬至节气，人们叫它“冬节”，民间有“冬至大似年”的说法。冬至节气，北方大雪纷飞，江南菜麦青青，华南沿海鸟语花香。

谚语

- 冬至有霜，腊雪有望。
- 冬至萝卜夏至姜。
- 冬至天气晴，来年果木成；
冬至天气爽，来年果木广。

初候，蚯蚓结

寒冷的冬天，蚯蚓蜷缩着身体，躲在洞穴里冬眠，毕竟现在离春天产卵还有些日子。蚯蚓的寿命大概为二至四年，一对蚯蚓一年能繁殖一千多只蚯蚓宝宝，太不可思议了。

扶桑

扶桑花有红色、粉色、黄色等，花瓣分为单瓣和重瓣。它的花、叶子、根都能入药。

植株：6 米　花期：四季

画面中的扶桑花是什么颜色的？

数一数土里有几窝冬眠的蚯蚓？

想一想，为什么画面中的麋鹿只有一只角？

二候，麋角解

麋鹿的故乡在中国。它们头长得像马，脖子像骆驼，角像鹿，尾巴像驴，故得名“四不像”。每年冬至时节，麋角开始脱落，等到冬去春来，便开始重新生长。麋鹿生活在水草丰盈的地方，爱吃青草和水草，是游泳高手。

三候，水泉动

此时阳气流动，井水开始上涌，泉水开始流动。或许只是一点一滴的变化，但是也已经打破了干涸或冰凝的状态。

除了蚯蚓，还有哪些动物会冬眠？

数一数画面中有几只麋鹿？

麋鹿还有什么别的名字呢？

竹子

竹子生长速度快，各个竹节同时生长，由于根茎里少了形成层，所以竹子很难长胖，一直在蹿个子。竹子四季常青，不畏风雪。

花期：4～5月 成熟期：秋季

油菜

此时正值冬油菜生长旺盛期，嫩绿的油菜小时候的叶子上散生着一些刚毛，长大后就消失不见了。油菜炒着吃、做汤喝都可以，油菜种子还能榨油。

植株：30～90厘米 花期：3～4月

画面中，哪种植物的种子可以榨油？

想一想哪种动物喜欢吃竹子？

竹子是“四君子”之一，深受诗人喜爱。说一说写竹子的诗句吧！

传统习俗

吃饺子

饺子营养丰富，旧时人们过节常常吃饺子，来改善生活。冬至这天吃饺子有“消寒”的寓意。在不同朝代，饺子有不同的名字。三国时叫做“月牙馄饨”，唐代时叫作“偃月形馄饨”，宋代时叫作“角子”，元代、明代时叫作“扁食”，清代则称为“饺子”。

一张圆圆的面皮里面可以包进很多食材。饺子有素馅的，包上各种新鲜蔬菜，有时也会加入鸡蛋,如胡萝卜木耳鸡蛋、鸡蛋韭菜、豆角鸡蛋、香菇油菜等各种馅料的饺子;饺子也有肉馅的，主要用猪肉、羊肉、牛肉、鸡肉等包成饺子，也会加入一些蔬菜，如猪肉大葱、猪肉芹菜、猪肉韭菜、牛肉胡萝卜等各种馅料的饺子。

九层糕祭祖

我国一些地区有冬至祭祖的习俗。如我国台湾地区有在冬至日用九层糕祭祖的习俗,以示不忘老祖宗。九层糕指用糯米粉捏成象征吉祥、寓意福禄寿的动物,如鸡、鸭、龟、猪、牛、羊等，然后用蒸笼分层蒸制而成的糕点。冬至或冬至日前后，同宗者便会约定时间，到祖祠集合。祭拜祖先时，依照长幼顺序，一一拜祭。祭祖之后，大摆宴席，大家欢饮一堂，谈天说地，沟通感情，称为“食祖”。

九九消寒图

古时候，民间流传一种“数九”的习俗。从冬至起，每九天算一九，称“一九、二九、三九……”一直数到“九九”，数过八十一天，春天就到来了，这便是“数九”。明代的文人雅士，把“数九”绘制成图，做成一种特别的日历，这便是《九九消寒图》。

《九九消寒图》有很多样式，如文字式、圆圈式、梅花图式等。最有名的是梅花图式消寒图，画一枝梅花，八十一片花瓣，每天染一瓣，“花瓣尽而九九出”，所有花瓣都涂上了颜色，冬天便过去了。九九消寒图可以记录冬天的时间，还可以记录天气阴晴，不仅表达了人们迎春的殷切心情，还对农业生产有一定帮助。

冬至与诗

朱槿花

唐 / 李绅

瘴烟长暖无霜雪，槿艳繁花满树红。
每叹芳菲四时厌，不知开落有春风。

译文：

岭南一带空气湿热，长期无霜无雪。娇艳的朱槿花（扶桑花）开得繁茂，满树红色，锦绣如画。

每每叹息花儿在四月便开始凋落，却不知花开花落都是春风在暗中把握。

邯郸冬至夜思家

唐 / 白居易

邯郸驿里逢冬至，抱膝灯前影伴身。
想得家中夜深坐，还应说着远行人。

译文：

在邯郸的驿站里正遇上冬至，本是与家人团聚的佳节，我却一人抱膝而坐，面对孤灯，与影相伴。

在这样的夜晚，想象着亲人们应该是坐在一起，还谈论着我这个远行之人。

小寒

小寒，二十四节气中的第二十三个节气，每年的公历1月5～7日之间交节。它的到来，宣告一年中最寒冷的日子即将到来。

此时院子里的腊梅花香正浓；果园里，果农忙着摇落果树上的积雪；屋子里，人们通常会在这时熬制腊八粥、腌制腊八蒜。

民间有“三九四九冰上走”的说法，人们纷纷穿上厚厚的棉衣，走出家门，去村外冰封的河面上玩耍了。

谚语

- 小寒胜大寒，常见不稀罕。
- 小寒暖，立春雪。
- 小寒蒙蒙雨，雨水还冻秧。

初候，雁北乡

在南方生活了整个冬天的大雁，于小寒时节开始往北飞，它们排成整齐的队伍，正飞快地赶路。待到春暖花开时，它们就能回到北方的家乡，繁衍新生命了。

水仙花

花盆中泡着的白色“大蒜头”鳞茎中抽出了又细又长的绿叶子，挺拔向上生长着，没过多久便开出了鹅黄色的水仙花。它的鳞茎是有毒的，千万不要食用。

植株：20 ~ 40 厘米　花期：冬、春季

数一数画面中有几种鸟类？

数一数画面中有几只大雁？

小寒的时候，大雁开始往南方飞还是往北方飞？

二候，鹊始巢

喜鹊是留鸟，它们会先大雁一步，把家搬到离人们不远的大树上。喜鹊筑巢大概需要四个月，别看它们的房子外面都是粗糙的树枝，其实内部结构十分精致，喜鹊甚至用棉絮、兽毛等做成了褥子。

三候，雉始雊

野鸡会在这时候感觉到阳气的变化，开始扯着嗓子鸣叫，仿佛在说：“春天离我们不远啦！”

四季小白菜

小白菜的种子在冰点以上就可能萌动，在我国南方地区的冬天可栽培，产量高。它的味道鲜美，含有丰富的维生素和矿物质。

植株：25 厘米 成熟期：秋、冬季

画面中什么动物在筑巢？

画面中哪种动物身体的颜色最多？

四季小白菜是什么颜色？

蜡梅

蜡梅从深冬开到初春时节，散发着沁人心脾的香气，待花快凋谢了，便长出嫩绿的叶子。蜡梅花入药可治咳嗽，也可制成香料，但果实有毒。

植株：4 米 花期：11 月至翌年 3 月
果期：4 ~ 11 月

山茶花

每年的 1 月至 3月，园子里的山茶花开得最盛，红的、白的，各有各的美。山茶四季常青，花瓣可制成香甜可口的山茶饼，种子可被制成山茶油。

植株：3 ~ 9 米
花期：11 月至翌年 5 月
果期：9 ~ 10 月

数一数画面中有几朵盛开的山茶花？

画面中，蜡梅的花朵是什么颜色？

想一想，蜡梅花和山茶花，哪一种可以入药？能治疗什么病？

传统习俗

腊八节

每年的农历十二月初八是腊八节，在我国北方，有“小孩小孩你别馋，过了腊八就是年”之说，过腊八意味着拉开了过年的序幕，人们开始为过年做准备了。

说到腊八节，不得不提腊八粥，腊八节有煮腊八粥的习俗。腊八粥又称“七宝五味粥”“大家饭”等，是一种由多种谷类、豆类和干果熬制而成的粥。这些原料都有美好的寓意，比如桂圆寓意富贵团圆，核桃寓意和和美美等。腊八粥味道甜甜糯糯，而且还是养生佳品，很受人们欢迎。

涮火锅

俗话说“冷在三九，热在三伏”，小寒正处在二九和三九之间，天气十分寒冷。这么冷的天气当然要吃一些热乎的食物来驱寒，吃火锅最合适不过了。火锅指在金属锅中放入底料和水，用热源烧锅，锅内汤煮沸后，涮煮食材，煮熟即吃。

典型的火锅食材包括各种肉类、海鲜类、蔬菜类、豆制品类、菌菇类、蛋类制品、主食等。小寒时节，火锅里可以涮一些御寒食物，如海带、紫菜、菠菜、大白菜、胡萝卜、山芋等，可提高人体的抗寒能力。涮好的食材通常要蘸些调味料再食用，常见的调料有麻油味碟、蒜泥味碟、椒油味碟、红油味碟、韭菜花味碟等。火锅虽好吃，但吃多了容易上火，切忌多吃哦！

赏梅

小寒，正是蜡梅盛开的时节，许多人会在这时去赏蜡梅。蜡梅不是梅花，仅从颜色来区分的话，梅花有粉红色、红色、白色等颜色，还有花萼为绿色的绿梅，而蜡梅多为黄色。而且蜡梅的花期比梅花早两个月。

蜡梅花开春前，迎霜傲雪，为百花之先，并且香气醉人，自古至今，不少文人墨客为蜡梅留下了诗句。如宋代韩元吉的“风流一样香仍好，共趁春前腊后开”，这句诗形容了蜡梅凌寒开放、飘香如故的特点。

小寒与诗

水仙花

元 / 杨载

花似金杯荐玉盘，炯然光照一庭寒。
世间复有云梯子，献与嫦娥月里看。

译文：

水仙花开，花瓣洁白，花蕊淡黄，仿佛玉盘上托举出一盏金杯，明丽淡雅。本来略带寒意的庭院，也因此有了些许暖意。

如果世间还有云梯，我一定手捧一束水仙去献给那月里的嫦娥，与她共赏这清丽之花。

蜡梅

宋 / 杨万里

天向梅梢别出奇，国香未许世人知。
殷勤滴蜡缄封却，偷被霜风折一枝。

译文：

受上天厚爱，蜡梅枝梢别有一番新奇之美。但因时节未到，它的香味尚未给世人知晓。

数朵粉嫩的花苞丛生，如同被滴蜡封住，均未绽放。只有一枝被寒霜偷偷折开，在冬日里显得格外妩媚动人。

大寒

大寒，二十四节气中的最后一个节气，每年的公历1月19～21日之间交节。大寒一过，即将迎来新的节气轮回，春暖花开的日子慢慢走近了。

大寒时节，雨水少，天气依旧寒冷，户外一片萧条，乡村却呈现出一番热闹的景象。人们开始忙着为即将到来的春节做准备：全家一起打扫房间、赶大集、置办年货，忙得不亦乐乎。

谚语

- 大寒到顶点，日后天见暖。
- 大寒不寒，春风不暖。
- 小寒再大寒，转眼又一年。

年年有余

初候，鸡乳

乳，养育。冬去春来，万象更新，天气即将回暖。鸡妈妈已经为孵育鸡宝宝做好了万全的准备。

找一找未开放的山茶花在哪里？一共有几朵？

数一数，画面中一共有几只鸡？可以看到的，正在孵化的蛋有几颗？

二候，征鸟厉疾

此时，鹰隼一类的鸟捕食状态极佳，它们直冲蓝天，伺机寻找猎物，准备饱餐一顿，以抵抗寒冷的天气。

三候，水泽腹坚

从立冬到大寒，寒冷不断升级。河流里的冰不断加厚，形成了一年中最厚、最结实的冰块，这印证了“冰冻三尺，非一日之寒”的说法。

画面中的植物是“四君子——梅兰竹菊”之一，猜一猜是哪位“君子”？

数一数画面中有几只鹰？

兰花

兰花可分为春兰、夏兰、秋兰和冬兰。它的花色多，有白、黄绿、红、淡黄色等，味道幽香。兰花与梅、竹、菊并称为“四君子”。

植株：40 ~ 100 厘米

瑞香花

瑞香四季常绿，花蕾是红色的，盛开时花瓣是淡白色，花香浓郁持久，又因在春节前后盛开，有祥瑞之意，因此得名。

植株：60 ~ 90 厘米 花期：3 ~ 5 月

成熟期：7 ~ 8 月

想一想，“梅兰竹菊”谁的花在秋天开放呢？

二十四节气中，你最喜欢哪个节气？为什么？
你最喜欢哪种植物？它有什么特点？

传统习俗

祭灶

大寒节气常与中国传统节日“小年”重合。“小年”别称“祭灶节”“灶王节”“祭灶”“谢灶”等。传说，灶王在小年这天要上天向玉皇大帝报告人间的善恶，所以民间会在腊月二十三或二十四举行祭灶仪式。

祭祀前，人们会在灶王像前点上香烛，摆好供品。祭祀时，把灶糖融化，涂在灶王的嘴上，这么做是因为人们认为灶王吃了糖嘴甜，上天后就会说好话。祭祀完毕后，进行“送灶”，取下灶王像点燃，这是送灶王上天的仪式。到腊月二十九或腊月三十，家家户户会“接灶”，就是张贴一张新的灶王像，迎接从天上返回的灶王。

扫尘

扫尘指的是腊月年节将近时，彻底打扫屋子，也就是大扫除，别称“除尘”“除残”“掸尘”“打埃尘”等。民间俗语“腊月二十四，掸尘扫房子”，扫尘一般是在送灶仪式后，人们认为这时家里的神明已经离开，打扫屋子不会惊扰到神明。室内屋外，房前屋后，都要彻底进行打扫，清扫墙角、床下、屋柱、屋梁等处积累了一年的灰尘，粉刷墙壁，擦洗玻璃，整理杂物等。扫尘寄托着人们破旧立新的愿望和辞旧迎新的祈求。

备年货

过了大寒，过年的日子越来越近了，过年是重大的传统节日，过年前要做很多准备，吃的、用的、穿的、戴的、耍的、干的、鲜的、生的、熟的，这些年前购置的物品统称为“年货”，采购这些物品则称为“备年货”。

很多地区都有买卖年货的市场，备年货期间，人头攒动、熙熙攘攘。有道是“腊月水土贵三分”，这时的物价也比平常贵一些。购买的年货包括鸡鸭鱼肉、茶油酱醋等做团圆饭的食材，南北炒货、瓜子点心等招待客人的食品，过年穿的新衣新帽，走亲访友时带的礼品等。

大寒与诗

瑞香花

宋 / 高文虎

云岑深处独翘翘，
香逐吴山一梦销。
味入禅心清透澈，
锦熏篝暖不容招。

译文：

烟雾缭绕的山岭深处，瑞香花独自开放，香气弥漫在吴山一带，令人神清气爽。

瑞香花入药，可以令人头脑清醒，心境安宁，但因喜阴，不适宜种在过热而不通风的环境中。

大寒

宋 / 陆游

大寒雪未消，闭户不能出，
可怜切云冠，局此容膝室。
吾车适已悬，吾驭久罢叱，
拂麈取一编，相对辄终日。
亡羊戒多歧，学道当致一，
信能宗阙里，百氏端可黜。
为山傥勿休，会见高崒嵂。
颓龄虽已迫，孺子有美质。

译文：

大寒时节，冰雪未消，闭户不能出去，可惜了这顶切云冠，被安放在这局促的屋内。

我的车已被挂起，我的马已经好久不被驾驭，冬天待在家里没事，就用拂麈拍拍掸掸积了灰尘的书，然后翻翻看看，就这么相对着过了一整天。

丢失了羊群，最怕的是寻找的路太多；学习读书，应该信奉一种道理。如果宗教之中信念统一，则各家各户的争端一定会消除。

大山倘若没有被冰雪封住，一定能看到其雄伟、巍峨之貌。虽然我的年事已高，但孩子们还有美好的年华。

九九消寒图

涂一涂：从冬至起，根据每天的天气，给花瓣涂上不一样的颜色，晴天为红色，雨天为绿色，雪天为粉色，阴天为蓝色。

连一连：将下面的植物与它们各自的名字连起来吧！

竹子

瑞香花

水仙花

蜡梅

兰花

山茶花

连一连：下面的动物或植物在哪个节气的哪个物候中出现过呢？回到书中找一找，把物候和图片连起来吧！

立冬三候，雉入大水为蜃

小雪三候，闭塞而成冬

大雪二候，虎始交

冬至初候，蚯蚓结

小寒初候，雁北乡

大寒初候，鸡乳

涂一涂：模仿下图的线条，画一画竹子，并为它涂上颜色吧！

图书在版编目（CIP）数据

越玩越聪明. 藏在24节气里的秘密 ：1-4 / 思维牧场编 ；罗悦，潘忠英图. -- 天津 ：天津人民美术出版社，2023.1
ISBN 978-7-5729-0935-1

Ⅰ. ①越… Ⅱ. ①思… ②罗… ③潘… Ⅲ. ①二十四节气－儿童读物 Ⅳ. ①Z228.1②P462-49

中国版本图书馆CIP数据核字(2022)第258479号

越玩越聪明：藏在24节气里的秘密（1-4）
YUEWAN YUECONGMING：CANGZAI 24 JIEQI LIDE MIMI（1-4）

出 版 人：杨惠东
责任编辑：汤逸菲
策划编辑：刘贵霞
技术编辑：何国起　姚德旺
出版发行：天津人民美術出版社
社　　址：天津市和平区马场道150号
电　　话：（022）58352900
邮　　编：300050
网　　址：http://www.tjrm.cn
经　　销：全国新华书店
印　　刷：河北彩和坊印刷有限公司
开　　本：889mm×1194mm　1/16
印　　张：11
印　　数：1-1000
版　　次：2023年1月第1版　第1次印刷
定　　价：98.00元（全四册）

越玩越聪明

藏在24节气里的秘密③

思维牧场 / 编
罗悦　潘忠英 / 图

秋

天津出版传媒集团
天津人民美術出版社

二十四节气是什么？

二十四节气，是中国传统历法农历中表示季节变迁的 24 个特定节令。

古时候，人们在高大的土堆上竖起长竿，长竿在太阳的映照下投下影子。古人每天观察记录竿影的长短和角度的变化，慢慢总结出了天象的周期。

古人根据太阳在黄道的位置变化规律，总结制定了二十四节气。黄道是什么呢？地球绕太阳公转一圈，这个运行轨迹就是黄道。太阳从春分点出发，每前进 15° 为一个节气，运行一周后又回到春分，总共 360° 。

节气在现行的公历中时间交替节点略有不同，上半年在 6 日、21 日，下半年在 8 日、23 日，前后相差 1~2 天。

两千多年来，二十四节气在指导人们的农业生产和日常生活方面发挥了重要作用。在国际气象界，二十四节气被誉为“中国的第五大发明”。2016 年，“二十四节气”被正式列入联合国教科文组织人类非物质文化遗产代表作名录。

二十四节气是中国传统文化的重要组成部分，跟着二十四节气了解自然变化规律，可以帮助孩子理解事物变化的内在联系，启发孩子积极探索大自然的无穷奥秘。

七十二候是什么？

七十二候，是我国古代用来指导农事活动的历法补充。

古代的人们根据黄河流域的地理、气候和自然界的一些景象编写了七十二候。每五日为候，每个节气可分为三候，一年二十四节气划分为七十二候。

七十二候的“候”可分为两类，一是生物候，例如蚯蚓出、寒蝉鸣、桃始华、萍始生等；二是非生物候，例如雷乃发声、土润溽暑、水始冰等。

七十二候是中国古人在季节变化中，细致观察生物生长和环境变化规律的智慧结晶。理解七十二候，可以帮助孩子体验节气变化的奇妙，感受传统文化的巨大魅力。

节气歌

春雨惊春清谷天，
夏满芒夏暑相连，
秋处露秋寒霜降，
冬雪雪冬小大寒。
上半年逢六、廿一，
下半年逢八、廿三，
每月两节不变更，
最多相差一两天。

秋

立秋 公历 8 月 7 ～ 9 日之间交节

初候，凉风至
二候，白露降
三候，寒蝉鸣

处暑 公历 8 月 22 ～ 24 日之间交节

初候，鹰乃祭鸟
二候，天地始肃
三候，禾乃登

白露 公历 9 月 7 ～ 9 日之间交节

初候，鸿雁来
二候，玄鸟归
三候，群鸟养羞

秋分 公历 9 月 22 ～ 24 日之间交节

初候，雷始收声
二候，蛰虫坯户
三候，水始涸

寒露 公历 10 月 7 ～ 9 日之间交节

初候，鸿雁来宾
二候，雀入大水为蛤
三候，菊有黄华

霜降 公历 10 月 22 ～ 24 日之间交节

初候，豺乃祭兽
二候，草木黄落
三候，蛰虫咸俯

立秋

立秋，二十四节气中的第十三个节气，每年的公历8月7～9日之间交节。立秋节气，暑热与凉寒交替，秋天拉开了序幕。

立秋过后，天气有了一丝凉意，偶尔有“秋老虎”来捣乱，但真正的凉爽还没到来。田野间，一片丰收的景象。农民伯伯种下了春华，收获了秋实。

谚语

- 立秋十天遍地黄。
- 立秋早晚凉，中午汗还淌。
- 立秋种芝麻，老死不开花。

初候，凉风至

秋风给酷暑下了终结令，早晚天气开始转凉了。人们终于不用每天吹着空调，摇着蒲扇，吃着冷饮了。

大枣

大枣的故乡是中国，已经有八千多年的栽种历史了。大枣家族庞大，有 300 多个种类，包括红枣、金丝枣、脆枣等。

植株：5 ～ 8 米　花期：6 月　果期：秋季

紫薇花

园子里的紫薇花从 6 月开到了现在，能持续到 9 月，人们叫它“百日红”。紫薇花喜欢住在温暖的南方地区。它不仅花期长，寿命也长，树龄能达 200 岁呢！

植株：7 米　花期：6 ～ 9 月
果期：9 ～ 12 月

夹竹桃

夹竹桃是有名的“环保卫士”，能净化空气，不过它的体内含毒，切记千万不要随意采摘或食用哦！

植株：5 米　花期：四季
果期：冬、春季

- 找一找体内含毒的植物在哪里？
- 紫薇花和夹竹桃的花朵分别是什么颜色？
- 你吃过红枣吗？一个红枣有几个核？
- 除了红枣，你还吃过什么颜色的枣？

黑加仑

黑加仑喜欢住在寒冷的地方，我国的黑龙江、内蒙古及新疆最常见。每到七八月份，一串串黑色小浆果就挂满了枝头。

植株：1～2米 花期：5～6月
果期：7～8月

海棠果

每到金秋时节，总能看到果农将海棠果切片、晒干，这样能储存两三年，用海棠果来泡水喝或做成蜜饯吃，有开胃的功效。

植株：5～10米 花期：3～6月 果期：秋季

枸杞

枸杞特别抗冻，就算在零下25℃的寒冬，也能安然无恙。每年5至10月，枸杞树边开花边结果，迎来收获的季节。

植株：0.5～1米 花期：夏、秋季
果期：夏、秋季

二候，白露降

过了立秋，早晚温差大，白天烈日炎炎，夜晚凉风习习，空气中的水蒸气在田间的植物上凝结成了晶莹剔透的露珠。

鸡冠花

鸡冠花根茎粗壮，分枝少，性格坚强，适应能力强，很好养活。它还可以入药。

植株：30～80厘米 花期：7～9月

猜一猜鸡冠花为什么会叫这个名字呢？

数一数海棠树枝上一共结了几个海棠果？

海棠果和枸杞，谁的果实比较大？

黑加仑的果实是黑色的。想一想，你吃过哪些黑色的水果呢？

梨

　　成熟的梨飘着果香，十分诱人。梨的果肉脆甜可口，饱满多汁。梨和冰糖搭配，做成一碗梨汤，能击败咳嗽病菌。

植株：2.5 ~ 15 米　花期：2 ~ 5 月
果期：秋季

三候，寒蝉鸣

　　在秋天里找到美味的食物，对寒蝉来说是一件很容易的事情。瞧，饱餐一顿的寒蝉正在树梢旁欢快地鸣叫着。

白木耳

　　白木耳，又叫银耳。它开在腐木上。白木耳的瓣片呈白色或米黄色，能长到 5 ~ 10 厘米。

直径：5 ~ 10 厘米　成熟期：夏、秋季

找一找蝉在哪里？它在干什么？

数一数梨树上一共结了几颗梨？

说一说梨吃起来是什么味道？

除了白木耳，你还见过其他颜色的木耳吗？

传统习俗

七夕节

七夕节，是我国民间的传统节日，又称七巧节、女儿节和乞巧节等。七夕节最早源于人们对自然的崇拜，有文献显示，七夕节中的牵牛星和织女星在三四千年前就有记载。经历史发展，七夕节被赋予了“牛郎织女”爱情故事的传说，使其成为中国最具浪漫色彩的传统节日。

七夕节发源于中国，受中华文化影响，一些亚洲国家如日本、朝鲜半岛、越南等也有庆祝七夕节的习俗。2006 年 5 月 20 日，七夕节被中华人民共和国国务院列入第一批国家级非物质文化遗产名录。

贴秋膘

贴秋膘是北京、河北、东北一带流行的民间风俗活动。立秋这一天，人们会聚在一起以悬秤称人，将各自称得的体重与立夏时称得的体重相对比，检验自己经过夏天后身体是胖了还是瘦了，体重减轻叫“苦夏”，就需要“进补”来增强体质，补的办法就是“贴秋膘”。习惯上，贴秋膘的首选是吃肉，如鱼、各种动物瘦肉。此外，奶制品、豆类及新鲜蔬菜、水果均宜适量食用。

现在，人们对身体健康的评判标准更科学，虽然悬秤称人的活动没有了，但是贴秋膘的风俗在很多地方还很流行。

啃秋

啃秋，又称咬秋，即立秋日吃瓜。我国很多地方都有“啃秋”的风俗，在江苏等地立秋吃西瓜，据说可以不生秋痱子，治疗癞痢疮；在北方，据说立秋吃瓜可免除冬天和来年春天的腹泻。虽然没有科学依据，但口口相传，久而久之“啃秋”发展成为了一种风俗。

啃秋的形式多种多样，有的人会在立秋当日买个西瓜全家一起吃，有的人会和亲友聚在瓜棚里或树荫下，吃西瓜、吃香瓜、吃山芋。

立秋与诗

夹竹桃花

宋 / 曹组

晓栏红翠净交阴，风触芳葩笑不任。
既有柔情慕高节，即宜同抱岁寒心。

译文：

清晨，栅栏内的夹竹桃花迎着朝阳开放，红花绿叶全交织在一起，形成一片阴凉。风儿习习，吹得花枝微颤，行人见之无不心生欢喜，微笑浮面。

既然有向往高尚节操之情，夹竹桃花就应与“岁寒三友”——松竹梅一起，共同保持高洁淡雅之心。

立秋

宋 / 刘翰

乳鸦啼散玉屏空，一枕新凉一扇风。
睡起秋声无觅处，满阶梧叶月明中。

译文：

小乌鸦的啼鸣声散去，留下院中空空荡荡的玉面屏风。暑去秋来，枕上有了凉意，一阵风吹，更觉秋的气息。

半夜睡起，在院中踱步，刚刚感受到的秋意，此时又似无处可寻。恍然看到清冷的明月以及台阶上落下的梧桐叶，心中也便有了答案。

处暑

处暑，二十四节气中的第十四个节气，每年的公历8月22～24日之间交节，此时炎热减缓。

处暑是收获和凋零并存的时节。田野里一片五谷丰登的景象，公园里的植物却开始变得萧条，各有各的美。

在这秋高气爽的天气，去乡间领略秋天独有的美，再适合不过了。

谚语

- 立秋不是秋，秋在处暑后。
- 处暑天不暑，炎热在中午。
- 处暑满地黄，家家修廪仓。

初候，鹰乃祭鸟

收获的季节，田里会有好多田鼠、鸟儿、野兔外出觅食。这些小家伙机警地观察周围的动静，却难逃天空的王者——老鹰那双千里眼，不幸成了它的猎物。

刺梨

刺梨生长在我国北方。果皮上密生小肉刺，因此得名“刺梨”。浅红色的小花香气扑鼻，果实味道酸甜可口。

植株：1 ~ 2 米 花期：5 ~ 6 月
果期：7 ~ 8 月

菠萝蜜

高大的菠萝蜜树初春开花，它的果肉甜蜜浓香，直接吃或制成果干、罐头都行，还能入药。

植株：10 ~ 20 米 花期：2 ~ 3 月
果期：7 ~ 8 月

茉莉花

白白的茉莉花三五朵地聚在枝头，清香淡雅。茉莉花可用于制作沐浴露、香皂、香水，备受人们喜爱。

植株：3 米 花期：5 ~ 8 月
果期：7 ~ 9 月

红薯

红薯，学名番薯。红薯生命力极其旺盛，块茎长得又红又大，故有“一亩数十石，胜种谷二十倍”的说法。

植株：约 30 厘米
花期：夏、秋季
果期：夏、秋季

哈密瓜

哈密瓜，属于甜瓜的一种。哈密瓜果皮有纵沟纹，橙黄色的果肉特别香甜。

花期：夏、秋季 果期：夏、秋季

找一找画面中开黄色小花的植物在哪里？

数一数有几个哈密瓜？有几个菠萝蜜？

哪种水果的果皮上长有尖尖的刺？

茉莉花茶、茉莉花香皂、茉莉花书签……想一想，还有哪些与茉莉花有关的事物呢？

二候，天地始肃

炎热的夏季让人感觉不到白天与黑夜的温差，处暑一到，天气在转凉的同时，清晨与夜晚的温差开始变得清晰，一些怕冷的植物慢慢开始凋零了。

木芙蓉

木芙蓉花于每年的8月到10月绽放。清晨，木芙蓉花是白色或浅红色的，到了中午颜色会深一些，下午就变成了深红色，故得名“三醉芙蓉”。

植株：2～5米 花期：8～10月

秋葵

秋葵喜欢温暖的地方，一般生长在我国南方地区。酷似小尖塔的秋葵，果荚长到8～10厘米就可以采摘了。

植株：1～2米 花期：5～9月

果期：夏、秋季

四季豆

四季豆由于根系发达，生长速度极快。等到花儿凋谢，豆荚长到10厘米左右就能采摘了。

花期：夏、秋季 果期：夏、秋季

快菜

快菜是小一号的大白菜。园子里的快菜生长速度很快，只要60天就能采摘了，真是菜如其名呀！

植株：35厘米 成熟期：秋季

数一数绿色的蔬菜有几种？

快菜和秋葵，谁长得比较高？

哪些植物像“四季豆”一样，名字里带“豆”呢？

猜一猜画面右上角是什么水果？

苹果

苹果树一般四五月份开花，常需要两三年才能结出果实。经历发芽、抽枝、开花、结果，苹果树消耗了能量，需要进入休眠期来补充体力。

植株：10 米　花期：4 ~ 5 月　果期：秋季

杨桃

杨桃成熟了，颜色由深绿色变成了黄绿色，若不及时采摘，它们就会迫不及待地从树上掉下来。

植株：12 米　花期：4 ~ 12 月
果期：7 ~ 12 月

水稻

中国是水稻的故乡。不同品种的水稻生长速度不同，有的生长速度惊人，最快三四个月，有的则需要一年。稻谷除了可做米饭，还能酿酒。

植株：1 米　花期：7 ~ 8 月
果期：8 ~ 10 月

三候，禾乃登

“禾乃登”的“禾”指的是黍、稷、稻、粱类农作物的总称，“登”即成熟的意思。农田里成熟的稻谷弯了腰，它们用植物的语言表达四季的更替。

高粱

高粱喜温、喜光，并有一定的耐高温特性。高粱籽粒加工后即成为高粱米，可以做成煎饼、蒸糕等食用。

植株：3 ~ 5 米　花期：6 ~ 9 月
果期：7 ~ 10 月

谷子

谷子分布在我国南北各地，喜欢干燥的环境。谷粒去皮后称为“小米”，可以用来煮粥、煮饭。

植株：1 米　花期：8 ~ 9 月
果期：9 ~ 10 月

找一找苹果在哪里？

数一数画面中有几个杨桃？有几个苹果？

画面中有水稻、小麦、高粱、谷子四种粮食作物。你能分得清这四种粮食作物吗？

想一想馒头是用哪种粮食作物做成的？

传统习俗

放河灯

放河灯又称放荷灯、放水灯，流行于我国的很多地区，是汉族的一种民间祭祀活动，用以表达对逝去亲人的悼念，表达对身边亲人的祝福。河灯，通常是选用一块木板钻孔，上面用竹篾编织各种灯笼，灯笼多为荷花灯。在中元节的晚上，点燃灯笼中的蜡烛，放在江河湖海之中，任其漂去。

现在，有些地方的放河灯活动已经演变为娱乐活动，活动过程中，成百上千的河灯分布在河面，如天上的星星，蔚为壮观。2021 年 5 月 24 日，吉林省吉林市申报的放河灯（松花江放河灯）经国务院批准列入第五批国家级非物质文化遗产代表性项目名录。

吃鸭子

民间有一句俗语“处暑送鸭，无病各家”，意思就是将烹饪好的鸭子送一份给邻居，共同分享，祝福每家都健健康康，无病无恙。过去邻里之间往来频繁，有好吃的餐饮或美食经常会相互分享。处暑送鸭肉承载健康除病的美好寓意，加深了邻里情感。

鸭肉味道鲜美、营养丰富，是一种常见的生活食材。处暑吃鸭肉可以清热益气，祛除人体内的燥热。处暑吃鸭的方式，在我国南北方各有不同。北京人会在处暑当天去买百合鸭，也有的去吃烤鸭。而南京人则会在家煲萝卜老鸭汤或做红烧鸭块。另外，还有白切鸭、盐水鸭等吃法。

开渔节

为防止因过度捕捞造成渔业资源的枯竭，根据海洋鱼类生长、繁殖的季节特点，我国从 1995 年开始实施海洋伏季休渔制度。

开渔节，是指休渔期结束，可以捕鱼了。我国沿海很多地方会在处暑时节组织丰富多彩的开渔节活动，引导渔民热爱海洋，合理开发利用海洋。

浙江象山的开渔节创办于 1998 年，每年一届，已经发展成为国内有较大影响力的海洋文化和海洋旅游节庆活动。开渔节上，随着“开渔喽……”一声嘹亮的渔家号子响起，上千艘渔船出发奔向茫茫大海，汽笛齐鸣，浪花飞溅，场面宏大，气势磅礴。

处暑与诗

处暑后风雨

宋 / 仇远

疾风驱急雨，残暑扫除空。
因识炎凉态，都来顷刻中。
纸窗嫌有隙，纨扇笑无功。
儿读秋声赋，令人忆醉翁。

译文：

劲风伴着骤雨，将残存的暑热一扫而空。

因此意识到炎热与清凉的姿态，都在极短的时间之中到来。

纸窗嫌弃有缝隙，怕风雨吹打进来；丝织团扇自嘲风雨凉快，自己没有功劳。

儿童在读秋风赋，令人回忆起醉翁欧阳修来。

长江二首（其一）

宋 / 苏泂

处暑无三日，新凉直万金。
白头更世事，青草印禅心。
放鹤婆娑舞，听蛩断续吟。
极知仁者寿，未必海之深。

译文：

处暑过不了三日，初秋的凉意便值万两金。

年纪大了，头发白了，更加明了世事。青青草地上印着我的一颗修禅之心。

白鹤放飞，在空中婀娜起舞。蟋蟀两三只，在夜里断断续续啼鸣。

这才发现所谓仁义之人的长寿，还是没有大海那样深沉。

白露

白露，二十四节气中的第十五个节气，每年的公历9月7～9日之间交节，是一年中温差最大的时节。

“白露秋风夜，一夜凉一夜。”这时的冷空气转守为攻，冬季风席卷而来。夜晚，花草上躺着一颗颗晶莹剔透的露珠，第二天太阳升起，不时会有几个露珠溜下来。若要外出看美景，记得多加一件衣。

谚语

- 喝了白露水，蚊子闭了嘴。
- 白露满地红黄白，棉花地里人如海。
- 白露见湿泥，一天长一皮。

蜜梨

在我国，蜜梨指的是金溪蜜梨。它们把家安在金溪，是因为这里四季分明，有沙壤土，能享受阳光雨露的滋润。

果期：秋季

秋梨

秋梨又叫酸梨，酸中带甜。果实若用心保存，离开枝头几个月都不会腐烂，甜度反而升高，更好吃了。

花期：春季 果期：秋季

初候，鸿雁来

每年九月，来自西伯利亚和我国东北地区的鸿雁，开始向南迁徙。白天，成群的鸿雁排成整齐的队伍向南飞；夜晚，鸿雁们会停在水草旁或庄稼地里填饱肚子，大睡一觉，第二天继续赶路。

月季花

月季四季都开花，因此又叫“月月红”。月季花红的似火，白的如雪，花瓣层层叠叠，被誉为“花中皇后”。

植株：1～2米 花期：四季

玉簪花

冰清玉洁的玉簪花因颜色如玉，模样似簪而得名。玉簪花喜欢住在阴凉潮湿的地方，它的抗寒能力也很强。

植株：40～60厘米 花期：7～8月 果期：9月

找一找蜜梨在哪里？

数一数画面中有几只鸿雁？

蜜梨和秋梨在外形和颜色上有什么不同？

想一想哪些花的颜色是白色的？

猕猴桃

猕猴桃树枝需要借助木架或更高的树木才能向上攀爬，沐浴阳光。果实黄褐色，营养丰富。

植株：2.5 ～ 4 米　花期：5 ～ 6 月
果期：8 ～ 10 月

二候，玄鸟归

屋檐下的燕子离开巢穴，开始南迁了。与鸿雁不同，燕子们昼夜兼程赶路，它们一边飞翔，一边捉虫子吃。

芋头

芋头中含大量淀粉，可作蔬菜、主食。在剥皮或者切芋头时，很多人的手接触芋头时会出现瘙痒，那是芋头中的草酸钙结晶在作怪。

植株：1 米　花期：秋季
果期：8 ～ 9 月

凉薯

凉薯学名叫豆薯，喜欢在温暖的地方晒日光浴。凉薯块茎洁白脆嫩，味道鲜美，但种子却有剧毒，千万不要误食。

植株：1.5 ～ 2 米　花期：夏季
果期：秋季

口蘑

口蘑的菌盖又厚又大，像半个小球，基部肥硕，将菌盖稳稳地顶起。它是一种自然食用菌，味道十分鲜美。

成熟期：秋季

数一数画面中有几只燕子？

想一想口蘑的外形像什么？

你吃过猕猴桃吗？试着说一说它的味道吧！

凉薯的种子有剧毒。立秋的时候，我们也见到过体内含毒的植物，你还记得是什么植物吗？

石榴

石榴树每年抽3次枝，开3次花，结3次果。由于气温低，一般在农历5月第二次开花，结出的果实又大又好。

植株：3～6米 花期：5～6月
果期：8～10月

柿子

秋天是柿子成熟季。柿子树生命力很强，树龄很长，一般嫁接三四年后结果，十年左右进入盛果期。

植株：4～14米 花期：5～6月
果期：秋季

三候，群鸟养羞

这时候，很多鸟都开始储备过冬的食物，其中一些鸟开始换上丰满的冬羽，抵抗寒冬。

菱角

菱角多生在池塘、湖泊、沼泽地带，是菱的果实。菱角形状像牛角，喜欢待在25℃以上的湿泥里。

花期：6～8月 果期：8～9月

找一找喜欢生长在湿泥里的植物在哪里？

比一比石榴树和柿子树，谁的树叶更大？

小鸟们会储备一些石榴过冬吗？为什么？

传统习俗

喝白露茶

俗话说“春茶苦，夏茶涩，要喝茶，秋白露”。喝白露茶是自古以来就有的民间习俗。

白露茶是白露时节采摘的茶叶，茶叶原料因在白露时节采摘而得名。白露时节，茶树叶经过了一个夏季的蒸腾作用，茶叶内部物质逐渐累积沉淀下来，叶子营养物质更加丰富。白露茶从外形上看，茶叶芽尖上面细小的绒毛完整，叶片清鲜；饮用时，口感更加醇厚、顺滑、甘甜。

白露茶经久耐泡，深受老茶客们的欢迎。白露前后，喝点白露茶解渴防燥又提神。

吃桂圆

桂圆，又称龙眼，福建是我国龙眼的主要产区之一，福建地区有白露吃桂圆的习俗，并且有“白露必吃桂圆”“白露吃桂圆，一颗顶只鸡”的说法。虽然这种提法的严谨性和科学性有待考证，但是桂圆确实甜美可口，营养丰富，有益气补脾、养血安神的功效。

桂圆的吃法比较多，如煮桂圆粥、泡茶、煲汤，煮银耳羹时也可以添加桂圆。

酿白露酒

酿白露酒，相传始于先秦，盛于唐宋。白露酒因为以糯米、高粱等五谷为原料酿制而成，故称“白露米酒”。白露酒温中含热，略带甜味。

湖南郴州地区的永兴县、资兴县、三都、蓼江一带。每年白露时节，家家自酿白露酒，用于自饮或待客。苏浙一带的农村也曾有酿白露酒的习俗，多用以待客。直到上世纪三四十年代，南京城里酒店里还有白露米酒，后来逐渐消失。

相传，唐朝时期白露酒酿制工艺传入日本，如今日本米酒的酿造方法就是沿用了白露酒的酿造方法。

白露与诗

药堂秋暮

唐 / 钱起

隐来未得道，岁去愧云松。
茅屋空山暮，荷衣白露浓。
唯怜石苔色，不染世人踪。
潭静宜孤鹤，山深绝远钟。
有时丹灶上，数点彩霞重。
勉事壶公术，仙期待赤龙。

译文：

归隐已久，却并未得道，一恍数年，有些愧对这山上的云松。

暮色掩映下，茅舍、山间空空荡荡，身上的隐士服随风飘逸，秋霜白露的气息颇为浓郁。

十分怜惜那石苔上的青色，因尚未沾染世间人的足迹而更显孤寂。

潭水沉静，适宜孤单的仙鹤栖息。山高岭深，远处的钟声已听不真切。丹炉上偶尔会有彩霞点点。

还是继续修炼我的“壶公之术”吧，成仙之日，期待会有赤龙翱翔在天。

咏红柿子

唐 / 刘禹锡

晓连星影出，
晚带日光悬。
本因遗采掇，
翻自保天年。

译文：

红彤彤的柿子，拂晓时仿佛携带着星星的光泽，晚上则晶莹如汲取了太阳的精华。

本来是因为相貌平凡被忘记了采摘，没想到它却有着保养身体、使人益寿延年的功效。

秋分

秋分，二十四节气中的第十六个节气，每年的公历9月22～24日之间交节。这一天夜晚，北斗七星指向正西方向。

人们常说：“一场秋雨一场寒。”到了秋分时节，雨水变得很吝啬，很少落下来，大多是秋高气爽的好天气。人们有的结伴去赏桂花、菊花，吃螃蟹；有的去田地里挖秋菜，既补充营养又锻炼身体；有的去粘雀子嘴，以防它们到成熟的麦田里搞破坏。

谚语

- 秋分秋分，昼夜平分。
- 秋分稻见黄，大风要提防。
- 秋分见麦苗，寒露麦针倒。

山楂

山楂树每年夏季开花，九月或十月结果。在山坡上，很容易找到山楂树。山楂树特别皮实，对温度、土壤都没有太高要求，易成活。

植株：3 ~ 6 米 花期：5 月
果期：9 ~ 10 月

柚子

柚子个儿大、皮厚。成熟的柚子一般为淡黄色，果实紧实，种子有200多粒，酸甜可口。

花期：4 ~ 5 月
果期：9 ~ 12 月

牵牛花

牵牛花是一种朝开夕落的花，因为中午阳光强烈，牵牛花中的水分不够长时间维持花朵开放，便开始慢慢凋谢。

植株：5 米 花期：夏、秋季

初候，雷始收声

秋分过后，雷雨季节渐渐离我们远去了，气温跟着明显下降，天空一片晴朗。

二候，蛰虫坯户

活跃了整个夏天的虫子们感受到寒气来袭，开始搬运泥土来加固洞穴，准备过冬的食物。

白萝卜

萝卜可食用也可入药，尤其对保护我们的肺部和胃部有很大帮助。

植株：10 ~ 25 厘米
果期：夏、秋、冬季

找一找蚂蚁在哪里？

数一数树上有几个柚子？

牵牛花像喇叭，像尖帽子，还像什么呢？

萝卜有很多品种，画面中我们见到了白萝卜，还有什么品种的萝卜呢？

柑橘

柑橘四季常绿，它的叶子能够储存养分，叶子越多，果子越多。

植株：3 米 花期：3 ~ 5 月
果期：秋、冬季

柠檬

柠檬的身子是椭圆形的，穿着金黄色的外衣，看上去水灵灵的，十分可爱。它的身体里藏着柠檬酸。

植株：3 ~ 4 米 花期：4 ~ 5 月
果期：9 ~ 11 月

三候，水始涸

雨水少了，河水流量小了，草木开始枯萎，土壤慢慢干涸，田地里迎来收获的季节，冬天的脚步越来越近了。

番木瓜

番木瓜喜欢温暖的天气，花期一到，满树白色的花朵开放，赏心悦目。番木瓜的果实呈黄色，果肉味道芳香，富含大量维生素 C。

植株：约 10 米

西芹

西芹分为三种：黄色种、绿色种和杂色种。西芹不怕冷，一年四季都能栽种，它的植株紧凑，肉质脆嫩。

植株：20 ~ 80 厘米
成熟期：夏、秋季

找一找天鹅在哪里？

本页金黄色的水果叫什么？味道是怎样的？

数一数画面中有几种水果？几种蔬菜？

画面中，相比较而言，哪种水果的果实最小？

胡杨

胡杨多居住在荒漠区，拥有极强的抗旱本领。它们的叶子，幼时细如柳，长大后变成圆圆的，这是为了适应干旱的环境。

植株：10～15 米　花期：5 月
果期：秋季

莲藕

莲藕是荷花的地下茎，生长在池塘的泥土里。莲藕白白胖胖的，表面光滑，身体里暗藏多条通道，用来保持自身呼吸顺畅。

成熟期：4～5 月，9～10 月

桂花

每到秋风送爽的时节，淡黄色的桂花香飘十里，沁人心脾。桂花的品种很多，有丹桂、月桂、金桂等。

植株：3～18 米　花期：9～10 月
果期：翌年 3 月

画面中生长在水里的植物是什么？

数一数画面中能看到几种动物？

你吃过用桂花做的食物吗？令你印象深刻的桂花食物是什么？

哪些树的树叶到秋天会变黄呢？

传统习俗

中秋节

中秋节，又称祭月节、仲秋节、拜月节、月娘节、月亮节等，节期在每年农历八月十五，是我国民间非常重要的传统节日。

中秋节源自天象崇拜，由上古时代秋夕祭月演变而来。“中秋”一词现存文字记载最早见于汉代文献，唐朝时，中秋节成为官方认定的全国性节日，宋朝以后开始盛行。中秋节自古便有祭月、赏月、吃月饼、看花灯、赏桂花、饮桂花酒等习俗，一直流传至今。中秋节月圆寓意人的团圆，寄托着人们思念故乡、思念亲人的情感。

受中华文化的影响，中秋节也是东亚和东南亚一些国家的传统节日。2006 年 5 月 20 日，国务院将其列入首批国家级非物质文化遗产名录。

送秋牛

送秋牛里的“秋牛”不是指牛，而是送《秋牛图》。《秋牛图》，是指在一张红纸或黄纸上，印上整整一年的农历节气情况，还要配上农夫耕田的各种图样，名曰《秋牛图》。在秋分时节，我国的一些地方还保留着挨家送《秋牛图》的习俗。送图者都是些民间善言唱者，主要说些秋耕吉祥、不违农时的话。每到一家便是即景生情，见啥说啥，说到主人乐而给钱为止。言词虽随口而出，却句句有韵动听，俗称“说秋”，说秋人便叫“秋官”。

吃秋菜

在我国岭南地区，有个习俗叫做“秋分吃秋菜”。所谓“秋菜”其实是一种野苋菜，也叫“秋碧蒿”，营养丰富，素有“长寿菜”的美称，适当吃野苋菜，可以清热解毒、止痛、明目。

在秋分时节，人们都去野外采摘嫩绿的、细细的野苋菜。回家后，人们会将野苋菜与鱼片“滚汤”，名曰“秋汤”。民间有“秋汤灌脏，洗涤肝肠。阖家老少，平安健康”的顺口溜，也印证这种吃法的普遍性。

吃秋菜，一方面是顺应时节，品尝时令蔬菜，另一方面也寓意着平平安安。

秋分与诗

咏桂

唐 / 李白

世人种桃李，皆在金张门。
攀折争捷径，及此春风暄。
一朝天霜下，荣耀难久存。
安知南山桂，绿叶垂芳根。
清阴亦可托，何惜树君园。

译文：

世人选拔官员，都是官僚子弟优先。

好在春风得意之时攀附显贵，走人生的捷径。

然而一旦“霜露”降临，他们就像桃李一般，难以保持长久的繁华与荣耀。

你们哪里知道南山上的桂花树，绿叶森森，芳根牢固。

人们可以在树下获得一份清凉与惬意。既然这样，何不把它栽种到你的庭院里呢？

点绛唇

宋 / 谢逸

金气秋分，风清露冷秋期半。
凉蟾光满，桂子飘香远。
素练宽衣，仙仗明飞观。
霓裳乱，银桥人散，吹彻昭华管。

译文：

眼看到了秋分时节，风儿凄清霜露冷，秋天已经过半。

月凉如水，莹光满庭院；桂花飘香，清气远可闻。

想象此时的仙界，一定是仙人衣袂宽大，携白练款款而飞，仪仗飘飘。

回到人间，女子的衣服在人群中因拥挤而略显凌乱。银桥上，众客已散去。只有昭华管乐的声音响彻夜空。

寒露

寒露，二十四节气中的第十七个节气，每年的公历10月7～9日之间交节，天气由凉转冷。

当盛夏的“大火星”遇到寒露节气，不得不向西下沉，星空也换季了，冷空气即将登场。

这时候北京香山的枫叶开始红了，很多人都会结伴赏红叶。你知道吗？枫叶在深秋变红，是因为叶子里的花青素遇冷增多的原因。此时在东北的北部，人们已经能看到飞舞的雪花了。

谚语

- 吃了寒露饭，单衣汉少见。
- 寒露接霜降，秋收秋种忙。
- 过了寒露无青豆。

初候，鸿雁来宾

鸿雁南迁要经历一个漫长的过程，迁徙的时间也有先后之分。到了寒露时节，天空中能看到的多是最后一群南迁的鸿雁。

香蕉

香蕉是热带水果中的一员，味道甘甜，在水果王国营养排行榜上名列前茅。

植株：3 ~ 10 米 花期：7 ~ 8 月
果期：四季

二候，雀入大水为蛤

深秋的天气越来越冷了，雀鸟们纷纷躲起来御寒。很久以前，古人恰巧在这时候看到海边突然出现很多蛤蜊，它们的条纹及颜色与雀鸟很相似，就以为这是雀鸟变成的。

 找一找蛤蜊在哪里？

 数一数空中飞着几只鸿雁？

 香蕉是什么颜色？香蕉吃起来是什么味道呢？

罗汉果

罗汉果生长初期有黄色的茸毛，长大后仅在果梗处留下一圈痕迹。罗汉果品种多，有青皮果、拉江果、长滩果、红毛果等。

植株：3 ~ 4 米 花期：4 ~ 5 月
果期：9 ~ 11 月

番石榴

别看穿着绿衣裳的番石榴表皮坑坑洼洼的，里面的果肉口感滑嫩多汁，还可制成番石榴口味的果酱、冰激凌和酸奶等。

植株：13 米 花期：8 ~ 9 月
果期：9 ~ 10 月

数一数树枝上的番石榴有几个？罗汉果有几个？

番石榴和石榴的果实在颜色上有什么不同？

古人认为蛤蜊与哪种动物相似？

三候，菊有黄华

菊花常在晚秋时节开放，它具有很强的御寒能力。菊花枝条柔软，一株菊花通过摘心可生出好多花蕾，被打造成各种造型。菊花有长寿、吉祥之意。每年这时候，一些地方会举办菊展等活动。民间流行重阳节赏菊。

甜橙

甜橙熟了像橙色的小球。它的采摘时机很重要，过早香气不浓，过晚易成浮皮果。

植株：1 ~ 3 米 花期：3 ~ 5 月
果期：冬、春季

茱萸

每年三四月份，茱萸枝头开放小黄花，花谢了之后，待九月或十月结出红色的椭圆形果子，味道酸酸的，可做药材。

植株：4 ~ 10 米 花期：3 ~ 4 月
果期：9 ~ 10 月

画面中结红色果实的植物是什么？

数一数树枝上有几个甜橙？

除了黄色的菊花，你还见过什么颜色的菊花？

茱萸的果子可以做成药材，还有哪些植物的果实可以做成药材呢？

传统习俗

重阳节

重阳节是中国民间传统节日，节期在每年农历九月九日。“九”在《易经》中为阳数，“九九”两阳数相重，因此叫“重阳”。重阳节最初是源于对天象的崇拜，随着社会的发展融入更多习俗。古时民间在重阳节有登高祈福、拜神祭祖及饮宴祈寿等习俗。传承至现在，重阳节又添加了尊老敬老等内涵，表达着人们对老人健康长寿的祝愿。

2006 年 5 月 20 日，重阳节被国务院列入首批国家级非物质文化遗产名录。2012 年全国人大常委会修订通过的《中华人民共和国老年人权益保障法》规定每年农历九月初九为老年节。

观红叶

观红叶，不同地区观赏时间略有差异。我国幅员辽阔，纬度跨越范围比较大，各地的红叶变红时间也不尽相同。比较知名的几个观赏枫叶的景区有北京香山、苏州天平山、南京栖霞山、湖南长沙岳麓山等。

寒露时节，我国北方地区更适合观赏红叶，尤其是黄河以北，比如北京有寒露时节到香山赏红叶的风俗，登高远望，层林尽染，漫山红叶似彩霞，如诗如画。

秋钓边

秋钓边，是我国南方人在寒露时节的民俗活动之一。

相对于钓鱼有“春钓浅滩，秋钓近边”的说法。因为寒露时节，阳光没有夏季光照那样强烈，浅水区水温开始下降，更适合鱼儿生活。同时，岸边的各类植物也进入成熟期，秋风会将草籽、昆虫、野果等天然食物吹入水中，自然而然地，岸边的水域就形成了丰富的“食物区”，鱼儿会到浅水区寻找食物。这时，喜欢钓鱼的人，都纷纷找到合适的地方抛钩垂钓，人们称之为“秋钓边”。

寒露与诗

长相思·一重山

南唐 / 李煜

一重山，两重山。
山远天高烟水寒，相思枫叶丹。
菊花开，菊花残。
塞雁高飞人未还，一帘风月闲。

译文：

一道山，两道山，层层叠叠，起伏不断。

遥远的山，辽阔的天，烟波浩渺，寒气袭人，而我对你的思念，却像那火焰般的枫叶炽热。

菊花开，菊花落，时间一天天过去。

边塞的鸿雁振翅高飞，我思念的人却还未归来，只有吹在帘上的清风和照在帘上的明月伴在身边。

月夜梧桐叶上见寒露

唐 / 戴察

萧疏桐叶上，月白露初团。
滴沥清光满，荧煌素彩寒。
风摇愁玉坠，枝动惜珠干。
气冷疑秋晚，声微觉夜阑。
凝空流欲遍，润物净宜看。
莫厌窥临倦，将晞聚更难。

译文：

稀稀落落的梧桐叶间，刚刚升起的明月将圆未圆。

借着月色，露珠泛光，在这个素雅的夜里显得极为耀目。

秋风萧瑟，摇曳着树叶，如同随时会掉落的玉坠；轻捏着树枝，其上的露珠让人怜惜。

夜寒气冷，让人怀疑秋天已经结束；万物的声音变得轻细，更加衬出夜的深沉。

这样的气息在世间走遍，将万物滋润得洁净宜人，更适合玩味欣赏。

不要觉得这样的观察令人厌倦，须知，等到白昼降临，要将它们聚齐十分不易。

霜降

霜降，二十四节气中的第十八个节气，每年的公历10月22～24日之间交节。秋冬交替，气温骤降。

“呼呼——”一阵北风过后，枯黄的树叶纷纷投入大地妈妈的怀抱。田野间的杂草上披上了一层亮晶晶的白霜，大地一片萧瑟，季节更替，告别秋天的时刻到了。

谚语

- 霜降晴，风雪少；霜降雨，风雪多。
- 寒露收割罢，霜降把地翻。
- 霜降不摘柿，硬柿变软柿。

初候，豺乃祭兽

天气越来越冷了，动物们大都提前准备好越冬的食物，豺狼也不例外。它们把抓来的肥壮的猎物依次摆放，像是要祭拜一番后再食用。

银杏

银杏树是一种珍稀树种，被誉为“活化石”。一片片像扇子的绿叶到了深秋就会变成金黄色，这时候银杏果就会挂满枝头。

植株：15 ~ 60 米　花期：3 ~ 4 月
果期：9 ~ 10 月

栗子

栗子住在被绿色锐刺外衣包裹的壳斗里，待成熟时，便会脱掉衣服，跳出来了。香甜可口的栗子中含有大量的淀粉，可做主食。

植株：10 ~ 15 米　花期：5 ~ 6 月
果期：9 ~ 10 月

找一找果实外衣带刺的植物在哪里？

数一数画面中有几只动物在冬眠？

被称为“活化石”的植物是什么？

猜一猜两只豺狼在捕猎的时候可能会说什么？

二候，草木黄落

秋天只剩最后十天了，草木的叶子大都变得枯黄了，秋风一扫，便开始飘落下来。

秋海棠

这种秋海棠能在深秋开放，是因为夏天没有被阳光直晒，有人定时施肥，做好保暖工作，这样既能开出更多的花，还能延长花期。

植株：60 厘米 花期：秋季 果期：秋季

橄榄

每年 10 月份左右橄榄成熟，等待采摘。橄榄可用于制肥皂、沐浴液等。橄榄的核坚硬无比，可雕刻，可穿成手串。

植株：10 ～ 35 米 花期：4 ～ 5 月

果期：10 ～ 12 月

芦苇

芦苇是大自然的清洁工，它的根、茎、叶子都有净化水质的本领。芦苇穗能做扫帚，花能填充枕头，根茎能用来制造纸。

植株：3 米 花期：8 ～ 10 月

找一找飘落的枯叶在哪里？

数一数树枝上有几个橄榄？

秋海棠花朵多呈粉红色，还有哪些植物的花朵也是粉红色？

银杏果和橄榄果在外形和颜色上有什么不同？

冬枣

冬枣个儿大、皮薄、脆甜，因为多产自北方，成熟时已是深秋，天气转冷，得名冬枣。

植株：10 米 花期：6 月 果期：9 ~ 10 月

甘蔗

甘蔗在昼夜温差大的地方生长得非常好。我们吃的蔗糖就是用甘蔗制成的。甘蔗的底部比上边甜，是因为底部储存了更多的营养。

植株：3 ~ 6 米 花期：7 ~ 9 月
果期：冬、春季

三候，蛰虫咸俯

刺猬、老鼠、蛇和青蛙已经蜷缩在地下的洞穴里，不动弹，不吃食，准备舒舒服服睡过整个冬天。

找一找芦苇在哪里？

数一数有几根甜甜的甘蔗？

画面中正在冬眠的动物叫什么名字？

甘蔗和冬枣树谁长得更高？

传统习俗

吃柿子

俗话说“霜降吃柿子，不会流鼻涕”。柿子被称为“果中圣品”，《本草纲目》中说：“柿乃脾肺血分之果也，其味甘而气甲，性涩而能收，故有健脾、涩肠、治嗽、止血之功。”柿子能有效补充人体养分及细胞内液，起到清热润肺、生津止渴的作用；柿子中的有机酸等有助于胃肠消化，增进食欲。

霜降时节正是柿子成熟的季节，这时的柿子个儿大、皮薄、汁甜，营养丰富。这个时节的柿子要及时采摘，如果不能及时采摘，柿子就会变软摔落在地上。

寒衣节

寒衣节，又称“十月朝”“祭祖节”“冥阴节”“秋祭”，寒衣节在农历十月初一，是进入寒冬后的第一天，古时有授衣、祭祀、开炉等习俗，是中国传统的祭祀节日。

寒衣节相传起源于周朝，《诗经·豳风·七月》记载“七月流火，九月授衣”，意思是农历九月天气开始逐渐转凉，人们也开始为越冬添置御寒的衣服，因此寒衣节也被称为“授衣节”。

古时，在这个节日，妇女们要拿出棉衣，送给在远方戍边、服徭役的亲人。现在，我国很多地方的人们会在这一天摆上供品，烧送纸钱、祭扫、纪念仙逝的亲人。

赏菊

民间有“霜打菊花开”的说法。经过霜打之后，很多花草都已经凋零，菊花却在一片衰黄中傲然绽放，成为一道道亮丽的风景线。东晋诗人陶渊明特别喜欢菊花，曾写下“采菊东篱下，悠然见南山”的名句。这个时节，人们登山、赏菊成为一种风俗雅事。

南朝梁代吴均的《续齐谐记》上有记载“霜降之时，唯此草盛茂”，这里的“此草”指菊，因此菊被古人视为“候时之草”，菊花成为生命力的象征。现在，我国有些地方还举办菊花节，菊花品种繁多，用菊花搭建的造型也是形态各异，既展示了丰富的菊花文化，又丰富了人们的生活。

霜降与诗

德远叔坐上赋肴核八首银杏

宋 / 杨万里

深灰浅火略相遭，小苦微甘韵最高。
未必鸡头如鸭脚，不妨银杏作金桃。

译文：

埋入深灰，小火微烤，这样加工过的银杏核稍微清苦，略有甘甜，吃起来最有味道。

芡实就不一定比银杏好吃，不妨把银杏看作金桃。

季秋已寒节令颇正喜而有赋

宋 / 陆游

霜降今年已薄霜，菊花开亦及重阳。
四时气正无愆伏，比屋年丰有盖藏。
风色萧萧生麦陇，车声碌碌满鱼塘。
老夫亦与人同乐，醉倒何妨卧道傍。

译文：

今年的霜降时节，空气中已有一层薄霜。菊花开放的时间，也正好在重阳节。

四季气候正常，家家户户都大丰收，储藏的食物、粮食很充足。

田地里、鱼塘边，到处都是车马声，风儿发出萧萧的声响，大家都在喜迎收获。

老夫我也与农人同乐，即使开怀畅饮，醉倒在道旁又有何妨？

排排序：秋天的节气哪个先到，哪个后到呢？把下面的节气按顺序排一排吧！

（ ）

（ ）

（ ）

（ ）

（ ）

（ ）

连一连：下面的动物或植物在哪个节气的哪个物候中出现过呢？回到书中找一找，把物候和图片连起来吧！

立秋三候，寒蝉鸣

处暑初候，鹰乃祭鸟

白露初候，鸿雁来

秋分二候，蛰虫坯户

寒露三候，菊有黄华

霜降三候，蛰虫咸俯

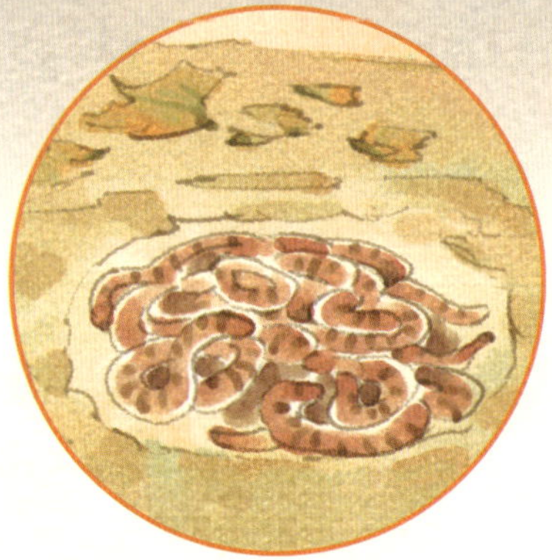

找一找：下面哪些植物属于粮食作物？把它们圈出来吧！

涂一涂：给下面的花和蝴蝶涂上漂亮的颜色，并找找月季花在哪里？